PADRES EXTRAORDINARIOS

SECRETOS DE ÉXITO
PARA PADRES
DE ADOLESCENTES

MARK MATLOCK

«Este libro trata sobre una fe auténtica, tanto para los padres como para sus hijos, puesta en práctica en el mundo real. Como padres y psicologos, no podríamos estar más agradecidos por este sobresaliente recurso».

Dres. Les y Leslie Parrott,
destacados consejeros familiares

PADRES EXTRAORDINARIOS

SECRETOS DE ÉXITO
PARA PADRES
DE ADOLESCENTES

MARK MATLOCK

Dedicatoria

¿Cómo podría dejar pasar esta oportunidad de honrar a mis padres? Si yo logro ser la mitad de lo buenos padres que ellos fueron, entonces mis hijos -Dax y Skye- estarán bien. (¡Me preocupa el poder llegar al menos a la mitad!) Ellos no son perfectos, pero son auténticos... y ellos viven la misión de Cristo en el mundo real. Ellos fueron mis modelos al escribir sobre padres extraordinarios.

Mamá y papá: los amo.

Reconocimientos

Un enorme agradecimiento a todos lo que colaboraron en lo que fue la travesía de escribir «Padres extraordinarios» a lo largo de los últimos siete años.

David McDaniel, Mike Gwartney, Jonathan Matlock, David De-Young, Bryan Kennedy, Alf Laukoter, Susie Lipps, Jim Thorpe y David Welch, todos ofrecieron su guía y liderazgo en WisdomWorks durante la formación de esta visión.

En el camino, el contenido recibió muchas contribuciones de personas talentosas. Jim Hancock, Michael Novelli, Mark Novelli, Kelly Dolan en Imago Community, Dave Urbanski y Chris Lyon impactaron sobre este libro proporcionando dirección en medio de los cambios a lo largo de los años. Estoy seguro que tomé muchas de sus ideas y nunca les di el crédito que correspondía por ellas. Me alegra que todos sean mis amigos.

La misión de Editorial Vida es ser la compañía líder en comunicación cristiana que satisfaga las necesidades de las personas, con recursos cuyo contenido glorifique al Señor Jesucristo y promueva principios bíblicos.

PADRES EXTRAORDINARIOS
Publicado por Editorial Vida – 2014
Miami, Florida

© 2014 por MARK MATLOCK

Este título también está disponible en formato electrónico.

Originally published in the USA under the title:
   Real World Parents: Christian Parenting for Families Living in the Real World
   Copyright © 2010 by Mark Matlock
Published by permission of Zondervan, Grand Rapids, Michigan 49530

Traducción: *Howard Andruejol*
Edición: *María Gallardo*
Diseño cubierta e interior: *Juan Shimabukuro Design*
Fotografía de cubierta: *Shutterstock*

ISBN: 978-0-8297-6613-4

CATEGORÍA: Vida cristiana / familia

IMPRESO EN ESTADOS UNIDOS DE AMÉRICA
PRINTED IN THE UNITED STATES OF AMERICA

14 15 16 17 RRD 6 5 4 3 2 1

CONTENIDO

CAPÍTULO UNO

¿QUÉ SON LOS "PADRES EXTRAORDINARIOS"?

Aún tengo fresco el recuerdo de ser un adolescente y estar sentado en la mesa del comedor con mi familia, haciendo caras de aburrimiento y fingiendo que vomitaba a espaldas de mi padre.

¿Por qué?

Él estaba tratando de tener un tiempo devocional con nosotros. Pero mis tres hermanos menores y yo simplemente no nos lo creíamos.

Cada cuatro o cinco meses mi padre escuchaba en la radio algún programa cristiano en el que se mencionaba la importancia del tiempo devocional familiar, y luego regresaba a casa con otra gran idea para intentar ponerlo en práctica en nuestra familia. Después de todo, eso era lo que las familias cristianas debían hacer, ¿verdad? Pero nunca funcionaba en nuestra casa. Se sentía como algo completamente forzado y antinatural.

Sin embargo, de alguna manera, los cuatro varones Matlock terminamos en el ministerio. Mi hermano menor Jonathan me ayudó a empezar WisdomWorks Ministries, y ambos llevamos adelante el mismo tipo de ministerio juvenil y de apoyo al ministerio juvenil a través de Especialidades Juveniles. Nuestro hermano Josh es pastor general en una iglesia en el sur de California. Y nuestro hermano Jeremy es misionero en Rusia. Hasta el día de hoy, cuando mi papá trata de reunirnos para tener un tiempo devocional familiar en los días festivos, nos burlamos un poquito. La broma se ha convertido en una especie de tradición, porque esto no es algo genuino para el tipo de familia que somos.

Ahora bien, no estoy diciendo que tener hijos sirviendo en algún tipo de ministerio te haga un padre exitoso. El punto que quiero resaltar es que los cuatro hijos de mi padre nos convertimos en hombres maduros con una verdadera pasión y aprecio por la palabra de Dios, a pesar que él no podía mantenernos quietos y hacernos tomar en serio la lectura de la Palabra durante reiterados intentos de devocionales familiares.

¿Por qué resultamos como resultamos a pesar de esto? Porque nosotros sabíamos que él tenía una verdadera pasión y aprecio por la palabra de Dios. Veíamos a papá leyendo la Biblia. Veíamos como luchaba por aplicarla a su vida. Vimos a nuestros dos padres tomando decisiones basados en su entendimiento de lo que la Biblia enseña.

Al final, nos convencimos de la relevancia del contenido de las Escrituras porque vimos a nuestros padres respaldarla abiertamente, los vimos conversando sobre ella, aprendiendo de ella y viviéndola día tras día, año tras año. Eso fue suficiente para nosotros, y pesó más que los intentos fallidos del devocional familiar.

De esto se trata el libro que tienes en tus manos. No estoy interesado en presentar nuevas técnicas artificiales o metodologías pensadas para «arreglar» a tus hijos, o formas de acomodarte a lo que se supone que las familias cristianas «deben hacer». Lo que quiero es ayudarte a descubrir cómo vivir para Dios en una forma real, genuina, frente a tus hijos, de modo que no puedan hacer otra cosa más que comprender que Dios y su Palabra significan todo para ti, y que vivir para Jesús sí funciona en el mundo real.

No me malinterpretes. No todas las familias están diseñadas con las mismas especificaciones. Cada una tiene su propio ADN familiar. Así es que si el devocional familiar se acomoda a lo que ustedes son, perfecto, ¡más poder para ustedes! Los devocionales familiares tradicionales y estructurados son una muy buena herramienta para algunas familias. Deben saber que mi esposa Jade y yo que tenemos dos hijos (nuestro hijo Dax, que en este momento es un preadolescente, y nuestra hija Skye, que tiene 10 años) y más de una vez hemos intentado tener una hora de estudio bíblico alrededor de la mesa del comedor. Funcionaba bastante bien cuando ellos eran más pequeños, pero eventualmente nos dimos cuenta de que no estaba funcionando más debido al ritmo de vida que llevamos. No es lo que somos ahora. Así es que buscamos formas diferentes para seguir hablando de la Palabra de Dios... formas que se acomodaran a nosotros hoy.

Al ir trabajando sobre los conceptos que encontrarás este libro, una de las cosas que descubrirás es que los padres extraordinarios son genuinos en hacer lo que es mejor para sus familias, y verdaderamente logran ajustar sus propias vidas para encajar dentro de la trama de la historia de Dios.

¿Está Dios feliz con mi familia?

Hoy en día las iglesias tienen muy buena enseñanza sobre la paternidad. Mi esposa y yo nos hemos beneficiado grandemente con lo que aprendimos de diversos escritores, conferencistas y pastores que han abierto la Palabra de Dios y nos han ayudado a conectarnos con lo que realmente significa criar a nuestros hijos en el camino correcto, proveer de una disciplina bíblica, y reforzar los buenos comportamientos. Pero este libro no se trata de eso.

Para ser honesto, a lo largo de los años me he sentido frustrado por algunas enseñanzas sobre la paternidad que tratan de hacer sentir culpables a los padres. Algunos maestros, autores, libros y programas construyen modelos de paternidad basados en el temor que todos tenemos de «arruinar» a nuestros hijos (o el temor de haberlos «arruinado» ya). Ese es un camino fácil, que juega con nuestros temores y con nuestra culpa respecto a las áreas que nos resultan más difíciles de manejar como padres. Luego dan a entender que sus programas o su perspectiva son nuestra última esperanza de «hacer las cosas bien», o, peor aun, de hacerlas «de la manera que Dios quiere».

Este libro es diferente. Prometo no usar tus temores y ansiedades en contra tuya. Porque la verdad es que todos tenemos temores y ansiedades. Yo los tengo. Y si pudieras pasar un tiempo con mi familia, pronto te darías cuenta de que también tenemos problemas. Aquellos padres que están siempre listos para criticar a otros no tendrían ningún problema en encontrar áreas para criticarnos a mi esposa y a mí.

Así es que no. No estoy interesado en darles azotes a otros padres para que de alguna manera se sientan mejor o más motivados en su tarea. De hecho, lo que quiero comunicar es todo lo contrario.

En los seminarios de «Padres Extraordinarios» que llevamos a cabo en todos los Estados Unidos, nuestros maestros utilizan una herramienta de autoevaluación para ayudar a los participantes a que identifiquen qué es lo que ellos creen que Dios piensa de sus familias. Es algo como esto:

¿Qué es lo que usted piensa que Dios ve cuando ve a su familia? ¿Cree usted que Dios sonríe, o que hace un gesto de disgusto? (coloque una X sobre la línea, en el punto que usted considere que representa su caso)

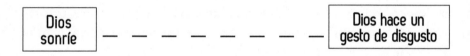

Esta puede ser una pregunta desafiante si te la tomas en serio. Por un lado, aquellos de nosotros que hemos crecido en iglesias cristianas entendemos acerca de la gracia de Dios. Sabemos que nuestra relación con Dios no está basada en lo que nosotros hacemos. Dios sacrificó a su único Hijo (al Hijo que amaba tanto) para que Él pagara por nuestros pecados al morir en una cruz. Dios hizo esto mucho antes de que nosotros nos diéramos cuenta que necesitábamos este regalo de parte de Dios. Por lo tanto, los que sabemos esto siempre responderíamos que el amor de Dios es incondicional para aquellos que estamos en Cristo.

Sin embargo, nos cuesta introducir la idea de la gracia de Dios cuando nos evaluamos como padres. De alguna manera nos hemos convencido de que fallarles a nuestros hijos es un pecado imperdonable. Creemos que Dios nunca va a estar complacido con nosotros, ya que hemos sido haraganes, o demasiado duros, o inconstantes, o egoístas, o temerosos, o sobreprotectores, o negligentes en nuestro trabajo como padres.

Así es que fácilmente podríamos estar preguntándonos cómo podría ser posible que Dios mire a nuestra familia y sonría... El problema es que, como padres, se nos olvida que nosotros también somos hijos. Que Dios es nuestro Padre, y que Él está más dispuesto a sonreírnos a nosotros de lo que nosotros estamos dispuestos a sonreírles a nuestros hijos. ¡Nuestro Padre nos ama y perdona nuestros errores como padres y las fallas de nuestra familia!

Diré esto repetidas veces a lo largo del libro: Nada de lo que leas aquí hará que Dios el Padre te ame más a ti o a tu familia. Porque nada puede hacer que te ame más de lo que ya lo hace, sin importar qué sea lo que esté sucediendo hoy con tu familia.

Cierta vez hice esta declaración en uno de nuestros seminarios de «Padres Extraordinarios», y en seguida noté que una de las mujeres allí presentes comenzaba a llorar. Más tarde se acercó a mí y me contó que en su iglesia local ella se sentía inferior como madre. Su esposo no era creyente, sus hijos se metían en problemas con frecuencia, y ella simplemente se sentía como una fracasada, como una ciudadana de segunda clase, siendo madre en una iglesia donde la mayoría de los padres eran ambos cristianos y estaban felizmente casados y criando hijos «perfectos».

Traté de asegurarle que la gracia de Dios se aplica también a nosotros como padres, ¡y que en Cristo ella es perdonada y totalmente aceptada como hija (y madre) amada! La idea de que Dios amaba a su familia incluso en su estado actual era una realidad que ella no estaba viviendo. Ella sentía que no estaba «alcanzando los estándares mínimos» como madre. Me dijo que la idea de que ella era perdonada, aceptada y amada como madre le traía un inmenso alivio.

El cuento corto de Ernest Hemingway titulado «*The Capital of the World*» (la capital del mundo) comienza con una anécdota sobre un hombre en Madrid que puso un anuncio en el periódico para intentar contactar a su hijo perdido. El anuncio decía así: «*Paco: encuéntrame en el Hotel Montana el martes al medio día. Todo está perdonado. Papá*». La historia cuenta que ese martes al medio día, 800 jóvenes se acercaron al Hotel Montana buscando hacer las paces con sus padres...

El chiste era que en España hay muchos muchachos llamados Paco. Pero el otro mensaje es que sin duda el anhelar la aprobación de nuestro padre es una experiencia humana universal. Sin quitarle importancia al papel indispensable de la madre, lo cierto es que todos anhelamos que nuestro padre apruebe lo que hacemos y lo que somos. Es lo que los psicólogos llaman en inglés «father hunger» (podría traducirse como «hambre de padre»).

Como cristianos y seguidores de Jesús, nosotros también tenemos esa hambre incluso en nuestro papel como padres. Pero debemos saber que si hemos cometido errores en camino, nuestro Padre nos ha perdonado. Vivimos en la gracia de Dios. Dios nos aprueba en Cristo. Y sí, Dios nos ama.

Quiero dejar perfectamente claro (una vez más) que no encontrarás instrucciones en este libro para que Dios te ame más, ni si quiera un poquito más, a ti o a tu familia, de lo que ya lo hace. El amor incondicional de Dios hacia tu familia fue establecido mucho tiempo atrás. Está completo. No puede crecer más. Romanos 8.1 declara: «Por lo tanto, ya no hay ninguna condenación para los que están unidos a Cristo Jesús». Y esto incluye a los padres cristianos.

Espero que hayas escuchado y entendido esto. Pero también espero que no te sientas satisfecho dejando a tu familia en el lugar donde se encuentra hoy. Así como estoy convencido de que Dios no te aceptará o amará ni un poco más de lo que ya lo hace ahora, estoy convencido también de que Dios te ama tanto que no te permitirá quedarte donde estás ahora.

No importa que tan buena o mala creas que es tu familia. Dios tiene planes para ti que se irán desplegando en el mundo real. Dios continuará movilizando a tu familia a lo largo del viaje que Él ha preparado.

Y por eso, este libro ésta diseñado para ayudar a los padres extraordinarios a entender este viaje (o esta historia) y a poder comunicársela a sus hijos.

¿Cómo va a arreglar este libro a mis hijos?

Ya que estamos hablando de lo que este libro NO hará, debo mencionar nuevamente que en las páginas de este libro no encontrarás consejos ni trucos para «arreglar» el mal comportamiento de tus hijos. (De seguro se venderían muchas más copias si eso fuera lo que prometemos, pero... no es así.)

En mi experiencia, los libros llenos de consejos, técnicas y trucos tienen éxito en hacer sentir muy bien a los lectores por un momento. Nos hacen sentir con esperanza. Nos hacen sentir como si estuviéramos haciendo algo con el problema. Pero muy a menudo fallan a largo plazo, porque simplemente no podemos mantener el ritmo. No podemos cambiar la personalidad de nuestra familia para que encaje en los modelos que nos proponen.

Cuando nacieron mis hijos, empecé la difícil tarea de navegar entre los diferentes tipos de libros cristianos dedicados a la crianza de niños. Noté que muchos de ellos se enfocaban en ayudarme a criar hijos con un buen comportamiento, niños con buenos modales. Y, aunque estos son elementos importantes, no había mucho énfasis en criar hijos con corazones que fueran tras el corazón de Cristo. Por supuesto que no podemos forzar ese tipo de apertura y conexión con Dios en nuestros hijos, pero, en nuestros hogares en el mundo real, sí podemos crear un ambiente que promueva dicho crecimiento.

En un sentido es como si nos convirtiéramos en jardineros que cuidan el desarrollo espiritual de nuestros hijos. Dios pone la chispa de vida en la semilla. No podemos controlar eso, ni cuándo madurará la planta. Pero sí podemos asegurarnos de que la tierra sea fértil, de que esté regada generosamente, de quitar la maleza, y de que la luz solar este constantemente disponible. Nosotros podemos criar a nuestros hijos en un ambiente donde tener un corazón para Dios sea la norma y no una opción.

Lo que no queremos es generar niños con una buena conducta que siguen nuestras instrucciones sin entenderlas y que no hayan decidido voluntariamente apropiarse de la fe en Cristo que ven en nosotros. A largo plazo, nuestra meta como padres no debe ser tener hijos que sean reconocidos por su buena conducta, sino por cuán bien conocen y obedecen a Dios.

Uno de los desafíos que tenemos como padres es lograr transmitirles a nuestros hijos una cosmovisión que sirva de base para actuar correctamente. Es cierto que nosotros (y ellos) somos responsables y rendiremos cuentas por nuestra conducta y si estuvo o no basada en las instrucciones de Dios para nosotros. Pero el que obedezcamos o no esas instrucciones tiene mucho que ver con la cuestión de si verdaderamente creemos la historia de Dios (es decir, si tenemos una cosmovisión bíblica) y si caminamos o no en el poder de Dios.

Vista así, la conducta de nuestros hijos es como la punta de un iceberg. Gracias a un sinfín de ilustraciones que hemos visto a lo largo de la vida, todos sabemos que la parte del témpano que se ve por encima del agua es solamente un pequeño porcentaje de su tamaño total. Por lo tanto, uno podría hacer todo tipo de modificaciones sobre la parte expuesta del témpano (es decir, sobre las cosas externas, como la conducta) sin alterar de manera significativa el témpano en sí.

CONDUCTA

COSMOVISIÓN

REVELACIÓN

REVELACIÓN: La forma en que Dios nos muestra su plan para nosotros y para el mundo.

A lo que tenemos que llegar (en nuestras propias vidas y en las de nuestros hijos) es al otro 80% del témpano que está debajo del agua. En nuestra ilustración, esto está representado como nuestra cosmovisión. Nuestra conducta está, en última instancia, dirigida por nuestro entendimiento de cómo funciona el mundo, por lo que creemos que es verdadero y falso en el universo, por nuestra percepción de lo que es real.

Y es en eso en lo que queremos enfocarnos en este libro. ¿Cómo podemos comunicarles a nuestros hijos la cosmovisión de Dios? ¿Qué historia les estamos contando sobre el universo, ya sea intencionalmente o (lo que es aun más importante) a través de la forma que vivimos para y por Dios a lo largo del tiempo?

Antes de seguir con el próximo capítulo, hazte las siguientes preguntas:

1. Cuando te imaginas a Dios mirando a tu familia, ¿qué piensas que ve Él? ¿Cuál crees que es el anhelo de Dios para tu familia?

2. Cuando miras el mundo en el que tus hijos están viviendo, ¿crees que es mejor o peor comparado con el mundo en que tú creciste? ¿Por qué?

3. Qué es más importante para ti: que tus hijos demuestren un buen comportamiento o que tus hijos entiendan y crean en una cosmovisión bíblica? ¿Por qué?

4. En tu propia vida, ¿qué ha sido lo más importante a largo plazo: tu comportamiento o el fundamento de tus creencias acerca de Dios y del mundo?

CAPÍTULO DOS

¿CUÁL ES LA VERDADERA HISTORIA?

La Guerra de las Galaxias es mi película favorita de todos los tiempos. Pero especialmente me gustaba muchísimo cuando era un niño. Nunca podía verla suficientes veces. Y, como todos los demás niños, yo me identificaba con los personajes. Me ponía es sus zapatos. Incluso hace poco, mientras la miraba (por trigésima novena vez) yo *fui* Luke Skywalker, y luego *fui* Han Solo. Viví dentro de esa historia por 90 minutos.

Ahora, imagínate que estoy viendo La Guerra de las Galaxias, y de repente aparecen Bo y Luke Duke a toda velocidad en el General Lee, corriendo alrededor de la Estrella de la Muerte mientras hacen sonar la bocina. ¡Yo estaría furioso!

Entiéndeme bien, yo amo a los Dukes de Hazzard, pero esas dos historias simplemente no encajan bien juntas. Me molestaría mucho ver como forcejean para compartir el espacio y el tiempo. Boss Hogg nunca debería tener un sable de luz. Punto.

Esta es una ilustración un poco cómica, pero esconde una verdad muy seria. Algunas personas tratamos de vivir en dos historias diferentes al mismo tiempo... y les estamos contando ambas historias a nuestros hijos. Por un lado queremos que ellos entiendan y vivan la historia de Dios y su plan para el universo. Y por otro lado sostenemos lo que nosotros visualizamos como la historia «del mundo real». Algunas veces ambas historias parecen coincidir, y en otras ocasiones parecen ser dos mundos tan separados como Darth Vader y Daisy Duke.

De la R minúscula a la R mayúscula

No siempre lo hacemos intencionalmente, pero todos caminamos en dos realidades distintas. Yo llamo a la primera nuestra «realidad» con minúscula (es decir, nuestra perspectiva personal acerca de cómo funciona el mundo). La segunda es la versión de Dios, la «REALI-DAD» con mayúscula (la que es totalmente verdadera y completa en cada aspecto). La perspectiva de Dios de la realidad es perfecta.

¿Por qué le damos el crédito a Dios de tener el mejor punto de vista acerca de la realidad? Es muy fácil decir «porque Él es Dios», pero lo cierto es que ese es el punto esencial. El hecho de que Él sea Dios implica varias cuestiones clave para los cristianos. Y estas cuestiones nos convencen de que la visión de Dios sobre la realidad debe ser la única visión completamente correcta.

Primero, Dios es *eterno*. Dios siempre ha existido y siempre existirá. El Salmo 90 versículo 2 lo pone en una forma poética: «Desde antes que nacieran los montes y que crearas la tierra y el mundo, desde los tiempos antiguos y hasta los tiempos postreros, tú eres Dios». Dios es el único que siempre ha estado aquí, así que Dios es el único que conoce la historia de principio a fin.

Segundo, Dios lo sabe todo. Dios es *omnisciente*. Salmos 145 versículo 5 dice: «Excelso es nuestro Señor, y grande su poder; su entendimiento es infinito».

Tercero, Dios tiene todo el poder para hacer exactamente lo que Él quiere en todo tiempo. Dios crea la realidad como le plazca. A esto le llamamos que Dios es *omnipotente*. Nada se sale del ámbito de lo que es posible para Dios: «Yo soy el SEÑOR, Dios de toda la humanidad. ¿Hay algo imposible para mí?» (Jeremías 32.27)

Y cuarto, por si todo esto no fuera suficiente, Dios es *el Creador*. Dios nos creó a nosotros y al mundo real en el que vivimos. Dios diseñó y construyó nuestra realidad desde lo más elemental, y nos colocó en el medio. Así que podemos estar seguros de que la perspectiva de Dios sobre la realidad supera a todas las otras perspectivas, que la perspectiva de Dios es siempre la perspectiva correcta.

Sin embargo, esta no es la realidad en la que vivimos día a día. ¿Por qué no? Por empezar, por una sencilla razón. Dios no nos ha revelado todos los detalles de la REALIDAD con mayúscula. Dios ha mantenido una parte oculta. Y algunas verdades de Dios sobre el universo probablemente serían muy difíciles de entender y procesar para nosotros.

La otra razón por la que nos perdemos ciertas partes de la perspectiva de Dios (de la realidad de Dios) sobre el universo es que no hemos absorbido totalmente lo que Dios ya nos ha revelado a través de su creación, de su Palabra y de nuestra experiencia personal con Él.

Aun así, esa debe ser nuestra meta como personas y como padres: hacer que nuestra pequeña realidad con minúscula encaje dentro de la gran REALIDAD de Dios. Hacer que tanto nuestro entendimiento sobre el universo como nuestra respuesta a él encajen dentro de lo que conocemos del entendimiento de Dios sobre el universo.

Hablemos claro: ¿qué razones podríamos tener para *no* querer vivir de esa manera? ¿Por qué querríamos pasar nuestras vidas intentando desesperadamente encajar nuestra falsa perspectiva de la realidad dentro de la verdadera perspectiva de Dios sobre mundo?

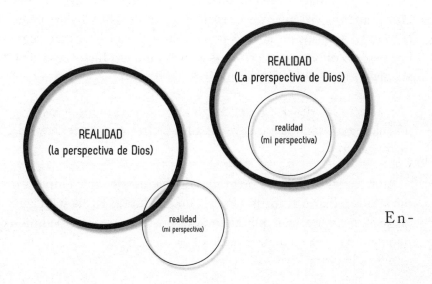

Entre más capacitados estemos para vivir dentro de la realidad de la perspectiva de Dios, más sanas serán nuestras familias.

Eso significa que tenemos que tener mucho cuidado sobre qué tipo de historias estamos escuchando y creyendo. Nuestra realidad (con minúscula) es muy frágil. Desde las grandes verdades de la vida hasta nuestra percepción de los hechos cotidianos que suceden a nuestro alrededor, nuestra perspectiva va siendo moldeada por una gran variedad de influencias. Y con todos esos aportes, nosotros construimos la historia en la que vive nuestra familia.

Utilizo la palabra *historia* intencionalmente. Nosotros usamos el entendimiento del mundo para definir nuestro escenario, para convertir a las personas en nuestra vida en personajes, para hacer que la trama que se desarrolla alrededor nuestro día a día tenga sentido... Y luego les contamos a nuestros hijos esa historia (esa versión o interpretación de la realidad) y nuestros hijos empiezan a responder a ella.

La paternidad según la historia incorrecta

A veces los padres cristianos estamos absolutamente convencidos de las grandes verdades de la historia de Dios sobre universo (la creación, el nacimiento virgíneo de Cristo, el amor de Dios hacia el mundo, la muerte de Jesús en la cruz por nuestros pecados...) pero seguimos llegando a conclusiones erróneas sobre cómo esa historia se está desenvolviendo en el mundo actual.

Y a veces la iglesia y aquellos que difunden el mensaje de la iglesia no colaboran en nada para ayudar a los padres a entender la verdadera historia tampoco.

Aquí tienes otra de las preguntas de diagnóstico que empleamos en nuestro seminario titulado «Padres en el Mundo Real» para ayudar a las personas a evaluar qué historia están viviendo. Les pedimos que pongan una cruz en alguna parte de la línea, de acuerdo a lo que cada uno de ellos crea:

Para plantearlo de otra manera: Si hablamos de los adolescentes y de temas como consumir bebidas alcohólicas, fumar, o sus decisiones sexuales, ¿crees tú que las cosas han empeorado o mejorado en los últimos 20 años?

La respuesta que cada uno de nosotros da a estas preguntas ha sido moldeada por las historias que escuchamos en los medios seculares e incluso de escritores y conferencistas cristianos. Es más, nosotros que vivimos dentro de la «subcultura» de la iglesia tenemos más personas que nos están contando historias que aquellos que no están en una iglesia. Esto es porque estamos escuchando tanto lo que está afuera de las paredes como lo que está dentro de las paredes de nuestros templos.

Y, seamos francos, la mayoría de las veces el mensaje nos llega desde adentro de las paredes esta distorsionado o simplemente no es verdad. ¿Por qué? Por un lado, porque cierta porción de los «narradores» cristianos está fuertemente interesada en vender libros, llenar sillas y recaudar dinero. Este segmento de voces está enfocado en contar historias que vendan, o que motiven a una acción determinada. Y es muy fácil sesgar la historia de tal forma que no quede alineada con la realidad. En otras palabras, a aquellos que están tratando de vender una determinada historia les ayuda el demostrar como todo continuamente está empeorando, porque eso mueve a personas bien intencionadas a prestar más atención o a firmar cheques. El efecto secundario en los padres puede ser mucho temor y una mala percepción del mundo en el que sus hijos están viviendo... con lo cual terminan transmitiéndoles a sus hijos también una historia equivocada.

Así que, ¿será verdad que las cosas están cada vez peor? Veamos algunas estadísticas recientes... (Puedes encontrar al final de éste capítulo las fuentes de estas estadísticas.)

Algo que debo destacar antes de comenzar: Bajo ningún concepto estoy sugiriendo que alguno de estos números cuente una buena historia acerca del estado en el que se encuentra el mundo actualmente. De hecho, pronto verás que todos ellos confirman la enseñanza de la Palabra de Dios que dice que nosotros, los seres humanos, somos una especie caída (Romanos 3.22-24). No obstante, estos números también desafían la idea que sostiene que todo está constantemente empeorando en el mundo de nuestros hijos.

Matrimonio

La mayoría de nosotros diría que el estado en el que se encuentra la institución matrimonial hoy en día es un tema para preocuparnos. No estoy diciendo que no debamos preocuparnos por el tema, pero la situación no está tan mala como varios sugieren.

Veamos una estadística de los Estados Unidos. En 1960 había 9,2 divorcios al año por cada 1.000 mujeres casadas. Para 1970, ese número ya había comenzado a incrementarse, y en 1980 alcanzó un punto muy alto de 22,6 divorcios al año por cada 1.000 mujeres casadas.

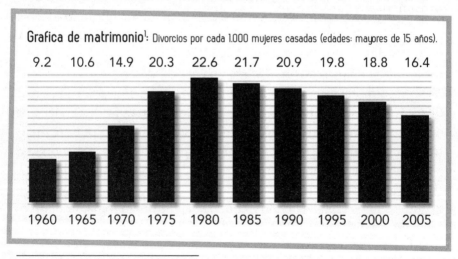

Grafica de matrimonio[1]: Divorcios por cada 1.000 mujeres casadas (edades: mayores de 15 años).

| 9.2 | 10.6 | 14.9 | 20.3 | 22.6 | 21.7 | 20.9 | 19.8 | 18.8 | 16.4 |
| 1960 | 1965 | 1970 | 1975 | 1980 | 1985 | 1990 | 1995 | 2000 | 2005 |

1 *"The Future of Marriage in America. The State of Our Unions: The Social Health of Marriage in America 2007"* ("El futuro del matrimonio en Estados Unidos. El estado de nuestras uniones: la salud social del matrimonio en Estados Unidos 2007"), por David Popenoe, en http://www.stateofourunions.org/past_issues.php

¿Qué es lo que estaba sucediendo durante este período que provocó un tan rápido ascenso en la tasa de divorcios? Por un lado, se introdujo el concepto de «divorcio sin culpa». Las personas podían salirse de sus matrimonios sin tener que justificarse con su conyugue ni con nadie. Ya para 1975 la mayoría de los estados más poblados de los Estados Unidos habían adoptado el divorcio sin culpa. Y más y más personas estaban divorciándose sin razón alguna. Vimos ese número incrementarse en 1980.

Pero mira lo que ha sucedido desde entonces: los números han disminuido lenta pero constantemente. Este es un cuadro muy diferente al que muchos de nosotros hemos llegado a creer sobre el estado del divorcio. Es una historia diferente a la que nos han contado.

De hecho, vemos que los números en 2005 son casi los mismos que los de 1970. Y tenemos razones para creer que esos números se reducirán un poco más antes de llegar al punto de estabilizarse.

Los norteamericanos no han perdido la esperanza en el matrimonio. De hecho, en una encuesta reciente únicamente el 10% de los norteamericanos estuvieron de acuerdo con que «el matrimonio es una institución pasada de moda»[2]. Sí es cierto que las personas están esperando más para casarse, y que el número de parejas que viven juntos en lugar de casarse ha aumentado. Estas tendencias deben ser observadas. Pero la reducción en el índice de divorcios indica que las cosas tal vez no están «empeorando».

Entonces, ¿por qué nuestra perspectiva colectiva es tan radicalmente distinta de la realidad? Tal vez tenga que ver con el hecho de que ya no resulta vergonzoso en nuestra sociedad el vivir juntos y hablar de ello abiertamente. De hecho, hasta 1970, en muchos Estados de Norteamérica era ilegal cohabitar sin estar legalmente casados. Los censos norteamericanos no tomaron en cuenta a las parejas que no estuvieran casadas sino hasta después de 1996. Así que estamos mucho

---

2. Idem, ver *"The European Direction"* ("La dirección europea")

más consciente ahora de que hay muchas parejas que viven juntas sin casarse, pero el número real de personas que lo hacen es realmente pequeño.

Adicionalmente, el 85% de los norteamericanos manifestaron que esperan poder casarse en algún momento de su vida. También el 82% de las mujeres en edad de escuela secundaría y el 70% de los varones de la misma edad dijeron que «tener un buen matrimonio y una buena vida familiar» era «extremadamente importante» para ellos.

El matrimonio no está pasado de moda. De hecho parece estar bastante sano y vibrante.

Opciones sexuales

Parece que al matrimonio tradicional le está yendo bien... a pesar de la reciente legalización de matrimonios gay. Pero sabemos que demasiados adolescentes están teniendo relaciones sexuales fuera del matrimonio, ¿verdad? Bueno, sí, muchos adolescentes están teniendo sexo... Pero, ¿será cierto que los números están empeorando año a año? Puede que estas estadísticas también te sorprendan.

Primero analicemos, ya que está indirectamente relacionado con el tema, el índice de natalidad para las chicas de 15 a 17 años del 2005: este fue el más bajo en la historia de los Estados Unidos. Los métodos anticonceptivos influyeron solo en una pequeña proporción en el descenso de esta cifra, lo cual implica una gran victoria en términos de que los jóvenes están tomando mejores decisiones. Y aunque nuevos estudios reportaron un pequeño incremento en las cifras de nacimiento para 2006, no han borrado el progreso en general que se ha alcanzado en años previos.[3]

En conclusión: cada vez más adolescentes están retrasando el inicio de sus relaciones sexuales. Las cifras de estudiantes de secundaria que

---

3. *"Teen Births: Examining the Recent Increase"* ("Nacimientos adolescentes: Examinando el incremento reciente"), *Trends Research Brief*, Marzo 2009), por Kristin Anderson Moore, en http://www.childtrends.org/?publications=teen-births-examining-the-recent-increase

han declarado ser sexualmente activos han bajado de 54% en 1991 a 46% en 2001. Y ese porcentaje se ha mantenido constante durante la siguiente década.[4]

El número de adolescentes de secundaria que respondieron haber tenido relaciones sexuales por lo menos una vez nunca ha bajado a menos que el 60%, pero cada vez más chicos (y notablemente más varones) están esperando más tiempo. La tendencia está tomando una dirección positiva.

¿Es ésta una historia diferente a la que has estado escuchando, verdad? Bueno, me dirás, pero ¿qué hay del sexo oral? ¿No están practicando eso en lugar del sexo tradicional? Posiblemente sea eso lo que hayas escuchado. Pero los números tampoco respaldan esa teoría.

Los estudios que investigan sobre las prácticas de sexo oral entre adolescentes sí demuestran un porcentaje sorprendentemente alto de adolescentes practicándolo, pero esto no está reemplazando las relaciones vaginales. En el año 2002, cerca de un 16% de los jóvenes en edades entre 15 y 17 años dijeron ya haber practicado sexo oral pero no haber tenido una penetración sexual[5]. Esto es algo que generalmente viene después. Pero muy pocos jóvenes están viviendo una «virginidad técnica» en sus vidas. Y esa también es una historia distinta a la que hemos escuchado.

¿Cómo es que está pasando esto? ¿Cómo es que estamos obteniendo una perspectiva tan mala, tan distinta de lo que realmente ocurre? Bueno, la respuesta es que muchas personas están obteniendo grandes ganancias por decir que todo está en decadencia. Y además muchas veces escuchamos historias terribles que luego siguen y siguen dando vueltas y agrandándose en nuestras mentes. Sumado a esto, en

---

4. *"Trends and Recent Estimates: Sexual Activity Among U.S. Teens"* ("Tendencias y estimaciones recientes: actividad sexual entre los jóvenes en Estados Unidos") *Trends Research Brief* (Junio 2006), por Elizabeth Terry-Humen, Jennifer Manlove, y Sarah Cottingham, en http://www.childtrends.org/?publications=trends-and-recent-estimates-sexual-activity-among-u-s-teens

5. Ídem, mira la p.3 del estudio

ocasiones se suceden muchos eventos llamativos en un período muy corto, y entonces nos da la impresión de que hay un desenfreno en lo relativo al sexo oral.

Primero salió a la luz el escándalo de Bill Clinton y Mónica Lewinski, así que el tema se constituyó en una crisis nacional. Después, unos jóvenes en el estado de Ohio fueron atrapados en una escandalosa fiesta sexual, y llegó a las portadas de los periódicos de todo Estados Unidos. Poco más tarde, el autor de un popular libro nos presentó la idea de las «fiestas arcoíris» (adolescentes reuniéndose para practicar sexo oral entre ellos). Incluso en ese momento, muchos cuestionaron si el libro estaba promoviendo tal práctica en lugar de advertirnos sobre ella. Pero la historia ya se había contado, y quedo impregnada en nuestras mentes.

Luego de ese libro y del escándalo en el estado de Ohio, y aprovechando la sensibilidad nacional a todo esto, Oprah Winfrey comenzó a realizar programas de televisión tratando sobre el tema del sexo oral. Después el Dr. Phil también realizó diferentes programas en televisión sobre el tema. Y muy pronto ya teníamos una idea, esta historia, grabada en nuestra mente: que los jóvenes estaban practicando sexo oral como locos. Siendo que los números no respaldan esto.

Y es que las historias que oímos nos moldean, y son una influencia mayor incluso que la realidad misma. Esta y otras historias, que no son para nada representativas del total de los casos, llegan a ser parte de nuestra realidad (con minúscula) y condicionan la forma en que criamos a nuestros hijos.

Aquí esta otra variación de la historia: a pesar de lo que muchos de nosotros suponemos, la mayoría de las adolescentes que quedan embarazadas, no quedan embarazadas por tener relaciones con un chico adolescente. La realidad es que el 65% de estas chicas quedan embarazadas por hombres mayores de 20 años. Eso significa que la parte más grande del problema no es que los adolescentes están teniendo sexo entre ellos y queden embarazados... es que hombres adultos, de 20 años y más, están teniendo sexo con niñas adolescentes.[6]

Es más, en los casos de niñas menores de 15 años que quedan embarazadas, la probabilidad de que hayan establecido una relación con un hombre mayor de 20 años que con alguien de su edad es seis veces mayor que en el resto de los casos.

¿Son estas cifras sorprendentes y malas? Sí, por supuesto que lo son. Pero el entender la realidad en lugar de las falsas historias que oímos nos puede ayudar a prepararnos mejor y a criar mejor a nuestros hijos. Por ejemplo, aprendemos que si podemos enseñar a nuestras hijas adolescentes a desviar la atención de hombres mayores que ellas, entonces los índices de relaciones sexuales y embarazos adolescentes descenderán aun más.

Por favor, no me malinterpretes. No estoy tratando de decirte que las cosas están mejor de lo que realmente están. Porque si los jóvenes de tu casa están sexualmente activos, eso es un gran problema, sin importar lo que el resto de la sociedad esté experimentando. Esa es la realidad. Y no estoy diciendo que debamos quitarles todos los límites a nuestros hijos porque nunca tendrán sexo. Ese ni siquiera es el punto que estoy intentando tratar.

Lo que sí creo es esto: que si estamos criando a nuestros hijos con temor, y basándonos en historias incompletas, entonces es menos probable que tomemos buenas decisiones. Debemos estar abiertos a re-evaluar nuestras suposiciones y re-pensar las historias que hemos estado creyendo durante tanto tiempo.

Por ejemplo, los investigadores realizaron un estudio entre jóvenes de bachillerato durante los últimos 20 años. Al comienzo del estudio, el 60% manifestó haber tenido por lo menos una relación sexual antes

---

6 *"Teens and Older Partners"* ("Adolescentes y parejas adultas"), Centro de recursos para la prevención de embarazos adolescentes, Mayo-Junio de 2004, por Michael Males, en http://recapp.etr.org/recapp/index.cfm?fuseaction=pages.currentresearchdetail&PageI D=393&PageTypeID=18

de entrar a la universidad o al ámbito laboral. Y este número se ha mantenido fijo durante dos décadas.

Así que, no, las cosas no están mejorando, pero tampoco necesariamente están empeorando. ¿Deberíamos estar satisfechos con estos números? ¡No! Y en especial si está sucediendo a nuestro alrededor. Pero no los inflemos ni encendamos la alarma para promover acción más allá de lo que realmente se necesita. Digámonos la verdad y respondamos en forma apropiada.

Otros elementos que alteran la historia:

Suicidio

Los suicidios consumados de adolescentes bajaron en un 30% entre 1995 y 2003... aun cuando los medios para concretar el suicidio se volvieron más violentos.

Las historias se volvieron más intensas. Las formas en las que los jóvenes estaban terminando con sus vidas se volvieron más teatrales y dramáticas. Y, como es entendible, todas esas anécdotas horribles se quedaron grabadas en la mente de las personas. Por lo tanto, la impresión con la que muchos se quedaron es que los números están empeorando. Pero los suicidios de adolescentes de hecho han bajado significativamente.

Habiendo dicho esto, debo decir que en 2004 el número de suicidios de adolescentes subió un poco... justo lo suficiente como para causar preocupación de que la tendencia estuviera revirtiéndose. Pero el incremento fue pequeño, y a juzgar por los números del 2005, parece que fue solamente una subida aislada y no una proyección continua. Tendremos que analizar las tendencias según los números que cada año van saliendo a luz.[7]

---

7   *"Suicide Trends Among Youths and Young Adults Aged 10-24 Years – United States 1990-2004"* ("Tendencias suicidas entre los adolescentes y jóvenes adultos entre 10 y 24 años – Estados Unidos, 1990–2004"), *Morbidity and Mortality Weekly Report* 56 (35), 7 de Septiembre de 2007, Centros de Prevención y Control de Enfermedades, http://www.cdc.gov/mmwr/pdf/wk/mm5635.pdf

Crimen adolescente

Cuando se trata del crimen adolescente, existe una gran brecha entre las estadísticas reales de crímenes y lo que los medios reportan que está sucediendo en el mundo a nuestro alrededor.

Por ejemplo, los delitos y los incidentes de violencia de pandillas en los Estados Unidos subieron en 1993, pero han decaído desde entonces. En Los Ángeles solamente, el índice de asesinatos entre jóvenes afroamericanos, latinos, y asiáticos cayó un 85% de 1993 a 1999[8]. Eso es dramático.

En 1990, en Los Ángeles, un joven afroamericano era arrestado por asesinato cada 80 horas. En el 2000, ese número bajó a un arresto al mes. Ese tremendo cambio es una tendencia que vemos no solamente en Los Ángeles, sino en otras ciudades por todo Estados Unidos también. A nivel nacional, el crimen por violencia adolescente ha caído de 52 incidentes por cada 1.000 adolescentes en 1993, a 14 por cada 1.000 adolescentes en el 2005.

Así como con el suicidio, vemos aquí un pequeño incremento a principios del 2005. Por primera vez en una década, el índice de crímenes violentos contra jóvenes de 15 a 17 años cometidos por jóvenes subió. Luego se dio otro pequeño aumento en el 2006, pero no estamos seguros de si se trata o no de una nueva tendencia.

Una cosa que las cifras sí revelan con seguridad (y que sin duda es una historia diferente a la que estamos acostumbrados a escuchar) es que los blancos de más de 30 años cometen más crímenes violentos a lo largo de toda la nación que los jóvenes de todos los demás grupos étnicos juntos. Si me disculpas, quiero repetirte eso, porque sé que suena tan falso a nuestros oídos (basándonos en las historias que normalmente se nos cuentan): Todos los crímenes violentos cometidos

---

8 *"Get a Clue on Youth Violence"* ("Ten una pista acerca de la violencia juvenil"), por Mike Males, *Los Angeles Times,* 25 de abril de 1999, http://articles.latimes.com/1999/apr/25/local/me-30847

por todos los adolescentes de todas las otras razas juntos, son menos que los crímenes violentos cometidos por personas blancas de más de 30 años. Suena increíble, pero esa es la verdad.

Abuso de drogas

En 1980, el 40% de los graduados de secundaria consumían drogas. Ese número ha subido y bajado desde entonces, siguiendo muchas tendencias sociales diferentes (bajando a casi un 15% a principios de los 90, y luego subiendo a un 26% a principios del 2000. Las estadísticas del 2008 muestran una tasa de abuso de drogas entre los graduados de secundaria de cerca del 22%, y tendríamos que ver cómo continúan evolucionando estas cifras.[9]

Pero es cierto, cerca de un cuarto de la población de jóvenes consumiendo drogas es un número terrible. Desearíamos que esta cifra fuera cero. Pero lo que quiero demostrar es que algunos de los que leen estas palabras estarían convencidos que el índice de uso de drogas fue terrible en las décadas de los 60 y 70 y que ha estado empeorando desde entonces... Y esa no es la historia exacta.

Uso de tabaco

Entre 1995 y 2008, el número de adolescentes de secundaria que fumaban a diario se redujo a la mitad. Eso es significativo. ¿Qué nos dice? Bueno, las campañas educativas en contra del tabaco de hecho están funcionando, y las leyes que gobiernan estos asuntos están funcionando también.[10]

Embriagarse

Otro tema en el que vemos que los números mejoran es en el área de beber y embriagarse, lo cual fue definido (para la investigación que

---

9 *"America's Children: Key National Indicators of Well-Being 2009"* ("Los niños en Estados Unidos: indicadores clave nacionales de bienestar 2009"), *Federal Interagency Forum on Child and Family Statistics* (Foro federal interagencias sobre estadísticas de niñez y familia), en http://www.childstats.gov/pubs/pubs.asp?PlacementID=2&SlpgID=20

10 Ídem.

tomamos como referencia) como tomar cinco o más bebidas de adulto una detrás de la otra. En 1980, más del 40% de los graduados de secundaria reportó haberse emborrachado dentro de las dos semanas previas a las encuestas. En 2008, ese porcentaje bajó a un 25%. Ese es un descenso enorme, de un 15%.11

Muchos de nosotros tendremos que cambiar las historias que creemos en respuesta a estos números. Aparentemente, los adolescentes de hoy en día tienden a tomar mejores decisiones respecto del alcohol que sus propios padres cuando tenían su edad. De hecho, ellos tienden a tomar mejores decisiones que muchos de sus padres hoy. Por ejemplo, los adultos de 35 a 54 años beben en promedio el doble que todos los adolescentes y jóvenes universitarios juntos. Mira nuevamente los rangos de edades, y piensa en ello por un momento.

La tendencia a beber entre los menores subió en la década de los 80, y luego bajó.[12] ¡Pero los adolescentes que se emborrachaban en los 80 aun lo hacen hoy, siendo ya adultos! Han seguido con esa conducta. Es muy probable que varios de nosotros hayamos sido adolescentes en los años 80, cuando muchos de estos números estaban en su punto más alto. Así es que debemos evitar caer en la tentación de creer que las cosas han empeorado desde que nosotros estábamos en la secundaria.

¿Entonces qué?

Quizás te estás preguntando cuál es el punto de analizar todas estas estadísticas. Después de todo, aun si las cosas están mejorando, muchos de los números todavía son desagradables. Todavía asusta el pensar que nuestros hijos están viviendo allá afuera con todas esas cifras alrededor. Es cierto, el mundo no es un lugar seguro.

Todo esto es verdad, pero quiero que comprendas lo siguiente: conocer bien la historia, tal y como es realmente, es muy importante. Porque cambia la forma en la que nos relacionamos con nuestros hijos.

---

11 Ídem.

12 Ídem.

Porque cambia la forma en la que nos comportamos como padres. Y porque nos protege de ser fácilmente manipulados por esta sociedad que cada vez más está dirigida por los medios y sesgada por historias aisladas.

En las últimas dos décadas, el juego de la información ha cambiado radicalmente. Esto es algo nuevo para casi todos los que somos adultos. Hoy tenemos cadenas de noticias en televisión 24 horas al día, siete días a la semana, además de sitios web y servicios de noticias minuto a minuto que nos llegan al teléfono celular. Nosotros nacimos en un mundo en el que las noticias llegaban en el periódico de la mañana y se enfocaban principalmente en historias locales y eventos regionales. Ese mundo ya no existe.

Los actuales equipos de noticias se esfuerzan por alimentar al monstruo de la información con nuevas historias cada hora. Para mantener el dinero entrando, deben tener los ojos de las personas fijos en sus historias durante todo el día, ya sea que esos ojos estén viendo pantallas de computadora, televisión, o teléfonos. Así que se ven obligados a contarnos las historias más llamativas, las más escabrosas, y las más aterradoras que puedan encontrar o generar.

El efecto secundario de esto es que quedamos confundidos y a la deriva, enfocados en las cosas equivocadas, caminando por el mundo con demasiados conceptos erróneos... Perdiéndonos la REALIDAD con mayúscula, por culpa de nuestras realidades con minúscula. Por ejemplo, ¿sabías que el número de secuestros de niños ha disminuido en los últimos años? Sin embargo, en una encuesta reciente, la mayoría de los padres creían que los secuestros están aumentando.

¿Por qué? Bueno, posiblemente en cada país la respuesta sea diferente. En los Estados Unidos, por ejemplo, se creó en 1996 un sistema de alerta llamado AMBER, por el cual se informa rápidamente a toda la población (a través de varios medios de comunicación) cada vez que se cree que un niño es secuestrado. La esperanza de este sistema es crear redes más estrechas para poder rescatar a esos niños y llevarlos a casa. Es una idea fantástica, y bien intencionada. No obstante, una de las consecuencias es que los ciudadanos comunes están ahora informados de prácticamente todos los secuestros tan pronto suceden, mientras que antes de la creación del sistema de alerta AMBER en 1996, no estaban al tanto de ellos. Entonces, lentamente, la población comenzó a sentir que cada vez más niños son secuestrados, aunque esto no sea cierto.

La historia que nos cuentan distorsiona nuestra percepción de la realidad en que vivimos. No tendemos a reparar en el hecho de que la mayoría de secuestros son cometidos por personas que el niño conoce, y que incluso los números totales de secuestros están en declive. Por el contrario, seguimos creyendo que el peligro son los extraños, y que son más peligrosos que nunca.

Si creemos que el mundo es aterrador, que es un lugar horrible que se vuelve más malo cada día, eso afectará la forma en la que criamos a nuestros hijos. Así que tenemos que replantearnos seriamente a quién estamos escuchando, y qué cosas estamos creyendo. Debemos preguntarnos, ¿cierran las historias que escuchamos en los medios con las estadísticas reales?

La revista *Christianity Today* publicó en 2007 un artículo titulado «Los evangélicos comportándose mal con las estadísticas». Básicamente era un golpe a varios líderes cristianos muy reconocidos, por el uso inapropiado de estadísticas para servir a los propios objetivos de sus ministerios, infundiendo temor en los corazones de pastores y padres a lo largo del país.

Las estadísticas que presentaban no eran exactas, lo que significa que sus historias eran falsas. Incluso en algunos casos, los oradores no podían encontrar ninguna fuente para las estadísticas que citaban. Cuando eran cuestionados, unos pocos decían que sus conclusiones se basaban en sus corazonadas, o en sus sentimientos acerca de lo que probablemente estaba sucediendo en el mundo allá afuera.

Esto es un problema. Tenemos la tendencia a escuchar a las personas de influencia en nuestras vidas, pero cuando esas personas nos dan información inexacta, sufrimos porque la información que nos presentan nos hace cambiar nuestras historias, cambiar nuestra percepción del mundo, y cambiar la manera en la que criamos a nuestros hijos. ¡Es tan importante asegurarnos de que no estamos siendo padres basándonos en una colección de falsas suposiciones!

En lugar de todo esto, necesitamos vivir en una historia verdadera, dentro de la REALIDAD de Dios. Una historia que sea completamente verídica, una historia del mundo real que nuestras familias están creando a medida que caminamos juntos en la senda en que Dios nos ha colocado. En el siguiente capítulo veremos un estudio muy diferente, que arriba a conclusiones positivas y alentadoras acerca de las historias que los padres cristianos les cuentan (¡y les muestran!) a sus hijos.

Fuentes

El punto al que quiero llegar es que existen cuestiones preocupantes que necesitamos abordar y considerar como padres, pero que, en general, esos problemas no están empeorando. Muchas de las fuentes que he citado tienen sitios web que proporcionan datos y tendencias actualizados a medida que se van teniendo disponibles, por si estás interesado en conocer más. (Hemos traducido los títulos, pero los artículos están en inglés.)

- Los hijos de Estados Unidos: indicadores nacionales de bienestar, 2009 (http://www.childstats.gov/AMERICASCHILDREN/index.asp)

- Videos deshonestos sobre la juventud por Mike Males (http://home.earthlink.net/~mmales/yt-mef.htm)

- Permitiendo la falta de madurez adulta por Mike Males (http://home.earthlink.net/~mmales/yt-binge.htm)

- Hablando sin temor sobre temas viscerales por Mike Males (http://home.earthlink.net/~mmales/yt-obese.htm)

- Niños y armas: cómo los políticos, los expertos, y la prensa fabrican el miedo a los jóvenes por Mike Males (http://home.earthlink.net/~mmales/contents.htm)

- Casi 3 de cada 10 jóvenes son sexualmente activos por Ana María Arumi (http://www.msnbc.msn.com/id/6839072/)

- Transiciones de la pubertad en la salud por George C. Patton y Russell Viner (http://www.thelancet.com/journals/lancet/article/PIIS0140-6736(07)60366-3/abstract); (registro gratuito necesario para acceder al texto completo)

- Reporte: la tasa de natalidad en adolescentes llega a su punto más bajo (http://www.usatoday.com/news/health/2007-07-16-3524503849_x.htm)

- Reporte de la APA Task Force sobre la sexualización de las niñas (http://www.apa.org/pi/wpo/sexualization.html)

- Conducta sexual y medidas seleccionadas de salud: hombres y mujeres de 15 a 44 años, Estados Unidos, 2002 (http://www.cdc.gov)

- Es estado de nuestras uniones: la salud social del matrimonio en los Estados Unidos en 2007 por David Popenoe (http://marriage.rutgers.edu/Publications/SOOU/TEXTSOOU2007.htm)

- Tendencias de suicidio entre los adolescentes y jóvenes de 10 a 24 años – Estados Unidos, 1990 a 2004 (http://www.cdc.gov/mmwr/preview/mmwrhtml/mm5635a2.htm)

- Tendencias y estimaciones recientes: actividad sexual entre los jóvenes de Estados Unidos por Elizabeth Terry-Humen, Jennifer Manlove, y Sarah Cottingham (www.childtrends.org/fi les/SexualActivityRB.pdf)

- Crimen en Estados Unidos 1970 a 2000 (http://home.earthlink.net/~mmales/uscrime.txt)

- Estadísticas de embarazo en adolescentes en Estados Unidos: tendencias generales y tendencias por raza y etnicidad, e información estado por estado por el Guttmacher Institute (http://www.guttmacher.org/pubs/teen_preg_stats.html)

Antes de seguir con el próximo capítulo, hazte las siguientes preguntas:

1. ¿Por qué es Dios el mejor calificado para definir qué es lo verdadero? ¿Por qué es la historia de la REALIDAD de Dios la más confiable?

2. Dirías que la actualidad es una buena época o una mala época para ser padres? ¿Con base a qué información has sacado tu conclusión? ¿Qué hace de cualquier momento en la historia una buena o una mala época para criar hijos?

3. ¿Dirías que las cosas han mejorado o empeorado en los últimos 20 años (o desde que tú terminaste la escuela secundaria)?

4. Tu percepción de la realidad, ¿te ha llevado a un estilo de crianza basado en la historia de Dios, o a un estilo de crianza basado en una falsa idea del estado en el que se encuentra el mundo?

CAPÍTULO TRES

¿QUÉ HISTORIA ESTAMOS CONTANDO?

Obviamente ninguno de nosotros quiere construir la historia de su familia basándose en un montón de estadísticas. Si sobreviviste a todos esos números que citamos en el capítulo anterior, te aplaudo. Como decía el hombre de estado Henry Clay: «Las estadísticas no son un substituto para tener una opinión».

Y Aaron Levenstein, profesor emérito en la Universidad de Baruch, dijo, «Las estadísticas son como una bikini. Lo que revelan es sugestivo, pero lo que ocultan es vital». (No entendí bien lo que quiso decir, pero me pareció que sonaba gracioso).

Espero que tengas la paciencia suficiente como para leer los resultados de un estudio más, porque creo que lo encontrarás bastante alentador. Tiene más que ver con usar algunas estadísticas recolectadas con seriedad (las cuales no veremos en detalle) para llegar conclusiones muy importantes para los padres.

A los investigadores Christian Smith y Lisa Pearce se les dio una generosa beca para estudiar las creencias (la fe) de los adolescentes, y los resultados de su trabajo son fascinantes. Es el llamado Estudio de Juventud y Religión (youthandreligion.org), y los descubrimientos están basados en miles de entrevistas a jóvenes a lo largo de todos los Estados Unidos.

Ahora bien, este estudio no fue enfocado únicamente a los cristianos. Smith y Pearce entrevistaron a adolescentes de muy diversas creencias religiosas (y no religiosas). Pero los resultados que vamos a examinar aquí se refieren a las mediciones de lo que ellos llaman «jóvenes espiritualmente sanos», y creo que resulta bastante seguro aplicarlos, a grandes rasgos, a la historia que nosotros vivimos junto a nuestros hijos. (Más adelante en este el capítulo estaremos hablando sobre cómo esto encaja dentro de una cosmovisión bíblica.)

Así que, de acuerdo con este estudio, ¿qué se necesita para que los jóvenes estén espiritualmente sanos? Se necesitan tres cosas:

1. EXPECTATIVAS CLARAS Y FIRMES, CON LÍMITES, EXIGENCIAS, Y OBLIGACIÓN DE RENDIR CUENTAS

Los niños y adolescentes se desarrollan sanamente cuando tienen límites bien definidos. Sin embargo, no estamos hablando simplemente de gobernar con mano de hierro, imponiendo las leyes que hay que cumplir. Los estudios reflejan que los jóvenes resultan más beneficiados cuando entienden por qué los límites están ahí y cuál es el propósito de las reglas. Los padres efectivos son proactivos en educar a sus hijos en las razones que hay detrás de los límites, y luego los hacen responsables de mantenerse dentro de esos límites.

2. CERCANÍA EMOCIONAL Y CALIDEZ

Esto significa ayudar a los niños y adolescentes a experimentar la verdad de que son amados. Lo cual involucra más que decirles que los amamos y demostrarles nuestro amor al proveerles lo necesario para cubrir sus necesidades físicas básicas. Se refiere a mostrar nuestro amor hacia ellos por medio de caricias, sonrisas, tiempo juntos, palabras amables y lo que sea necesario para ayudar a que sientan la cercanía con nosotros, lo cual los ayudará a la vez a poder conectarse mejor con otras personas.

3. AUTONOMÍA COGNITIVA

Esto significa crear un espacio dentro del cual se pueda conversar y buscar soluciones a los problemas, y permitir que los adolescentes tengan opiniones que no sean siempre exactamente iguales a las de sus padres. En otras palabras, lograr que los niños y adolescentes puedan manifestar su propia opinión sin temor a ser callados, y que puedan hacerlo con la seguridad y la aceptación que reciben de sus padres. Los estudios encontraron que todo esto ayuda a los jóvenes a desarrollar por sí mismos una fe vibrante.

Es fácil leer en los párrafos anteriores sobre estas tres áreas de crianza y asentir con la cabeza y seguir adelante... Pero si tu meta es realmente criar hijos cristianos saludables, entonces vale la pena hacer un esfuerzo extra y buscar cómo aplicar estas ideas a la situación específica en tu hogar.

¿Tienes papel y unos minutos? Intenta esto:

1. **Escribe tres de los límites más importantes que hayas establecido para tus hijos. Unos grandes. Verdaderamente importantes. Ahora lee estas preguntas y califícate en una escala del 1 al 10, siendo 10 lo más alto:**

   ¿Qué tanto entienden mis hijos lo que es una regla o un límite? ¿Tienen claro por qué existen los límites que les hemos puesto? ¿Qué tan consistente he sido en hacer cumplir las reglas?

2. **Evalúate a ti mismo en estas medidas de calidez y cercanía:**

   ¿Qué probabilidad hay de que mis hijos sepan en este mismo instante que yo los amo? ¿Es probable o improbable que ellos se sientan amados por mí ahora? ¿Qué tan probable es que ellos se sientan cómodos para acercarse más a mí cuando sientan la necesidad de conectarse con un adulto?

3. **Evalúate a ti mismo en estas medidas de autonomía cognitiva:**

   ¿Qué tan abierto estoy para escuchar a mis hijos expresando sus ideas o creencias, aunque sean diferentes a las mías? ¿Cuál es la probabilidad de que mis hijos compartan conmigo sus dudas o me hagan preguntas difíciles sobre las creencias que yo les he enseñado? ¿Hasta qué punto han hecho propias (verbalmente o demostrando compromiso con sus acciones) las creencias con las que han sido criados?

Sí, estas son preguntas difíciles. Y sí, recuerdo la promesa que hice antes de no dar golpes bajos en este libro. Así que espero que el hacerte a ti mismo estas preguntas no te haga sentir mal. Yo las tomo simplemente como herramientas motivacionales que resultan útiles para ver oportunidades de darles a nuestros hijos lo que necesitan para crecer espiritualmente sanos. Espero que a ti también te sean útiles para ese fin.

El contar historias comienza en casa

Entonces, ¿cómo podemos nosotros como padres cristianos asegurarnos de que nuestros hijos estén entendiendo y viviendo la historia de Dios para el universo y para sus propias vidas?

A menudo creemos que es trabajo de la iglesia el contarles a nuestros hijos la historia de Dios, asegurarse de que conozcan a Dios y las Escrituras, y lograr que se comprometan a seguir a ambos. Este enfoque no solo está muy errado, sino que la investigación de Christian Smith también indica que no funciona. Después de hablar con miles de adolescentes, encontró que los que realmente hacen propia la historia de Dios son aquellos que la han escuchado de sus padres y la han visto ser modelada en sus hogares.

Como dice Smith en su estudio, «un padre es el pastor más importante que un adolescente jamás tendrá». Dios nos llama como padres y madres a pastorear a nuestros hijos y a guiarlos hacia un entendimiento correcto de la REALIDAD de Dios y de la historia de Dios sobre el universo.

La única manera en la que los padres podemos lograr efectivamente esto es viviendo la historia nosotros mismos, día tras día tras día, de tal forma que el hablar acerca de Dios y de la Palabra de Dios se convierta una parte tan natural de la vida de nuestra familia como el hablar de la escuela, de los deportes y de qué hay para cenar. Si nuestros hijos no escuchan y observan que la revelación de Dios por medio de su Palabra es importante para nosotros, ¿entonces por qué debería ser importante para ellos?

Deuteronomio 6.4-9 contiene una oración que los fieles judíos llaman *Shema*. La recitan a diario, tanto en la mañana cuando se levantan como antes de ir a dormir. Y esta quizás sea la expresión más clara de cómo ser padres extraordinarios:

«Escucha, Israel: El Señor nuestro Dios es el único Señor. Ama al Señor tu Dios con todo tu corazón y con toda tu alma y con todas tus fuerzas. Grábate en el corazón estas palabras que hoy te mando. Incúlcaselas continuamente a tus hijos. Háblales de ellas cuando estés en tu casa y cuando vayas por el camino, cuando te acuestes y cuando te levantes. Átalas a tus manos como un signo; llévalas en tu frente como una marca; escríbelas en los postes de tu casa y en los portones de tus ciudades».

Más adelante uniremos estas ideas al entendimiento sobre Jesús a partir del Nuevo Testamento. Pero este pasaje captura de manera efectiva una de las más grandes ideas de la historia de Dios, una parte esencial de la perspectiva de Dios, de su REALIDAD con mayúscula: El Señor uno es.

A diferencia de muchas otras personas religiosas del tiempo en que esta oración fue escrita, los israelitas seguían a un Dios y solamente un Dios. Es más, desacreditaban a todos los otros dioses como trozos sin valor de madera, de piedra y metal. Entender la historia de Dios comienza con entender que Él es el único Dios.

Luego, este pasaje nos muestra cómo este único Dios busca que respondamos a la verdad elemental de que Él es Dios: amándolo. Ese es el modo en que Dios quiere que caminemos a lo largo de su historia: amándolo con todo lo que tenemos y con todo lo que somos, y esforzándonos por incorporar cada aspecto de su revelación a cada fibra de nuestro corazón.

A continuación, este pasaje nos revela que parte de nuestra historia consiste en contarles la historia de Dios a nuestros hijos. Si somos padres, la voluntad de Dios es que les contemos su historia a nuestros hijos... y que sigamos contándola una y otra vez como parte de nuestro despertar diario, al lavarnos los dientes, al comer el desayuno, y al ir a dormir.

Ser padres extraordinarios implica incluir a Dios en nuestro mundo real hasta el punto en que a nuestros hijos les resulte imposible perdérselo. Si ellos están convencidos de que nosotros estamos convencidos de Dios, será mucho más fácil para ellos responder también a Dios en una forma genuina.

Bueno, a esta altura sé por mi experiencia que algunos de ustedes están retorciéndose con esta idea. Están deseando que este realmente fuera un libro de sugerencias y trucos para cambiar la conducta de sus hijos. Y, en cambio, resultó ser un libro acerca de cambiar nuestras propias vidas partiendo desde el interior, y acerca de mostrarles a nuestros hijos cómo el hacer esto lo cambia todo.

Algunos se preguntarán cómo este manifiesto encaja con la historia de mi niñez, con lo que compartí antes acerca de mi familia que no tenía devocionales porque no eran genuinos con quiénes éramos como familia. Lo que ocurre es que, desde mi punto de vista, ese modo en particular de hablar acerca de la historia de Dios no encajaba en el mundo real del diario vivir de nuestra familia. Sin embargo, creo que debemos encontrar modos de hablar acerca de Dios que sí encajen el mundo real de nuestras vidas diarias, porque de otro modo no estamos viviendo en el mundo verdadero de la historia de Dios.

Construyendo sobre la revelación

Claramente de lo que estamos hablando aquí es de una estrategia a largo plazo. No estamos hablando de atacar la punta del iceberg, ni de arreglar las malas conductas que vemos hoy. Estamos hablando de inyectar la revelación de Dios en lo que está debajo de la superficie. Estamos hablando de comunicar la Palabra de Dios (así como quién es Dios y cómo se revela a sí mismo por medio de la creación) a nuestros hijos por medio de cada cosa que hacemos, a través de cada porción de lo que somos como padres.

Tomamos lo que Dios ha revelado y hacemos interpretaciones. Tratamos de entenderlo. Intentamos descubrir cómo se integra esto con nuestras vidas. Y eso nos proporciona una cosmovisión: valores específicos y creencias acerca del mundo en el que vivimos. Luego, a fin de cuentas, ese sistema de valores y esas creencias forman y definen nuestro comportamiento.

Ahora bien, como adultos podemos pensar de forma abstracta acerca de conceptos como «revelación» y «cosmovisión». Pero, ¿cómo entienden esto nuestros hijos? ¿Cómo podemos transferirles a ellos estas ideas, especialmente si tenemos hijos pequeños? No podemos simplemente sentarlos y decirles: «Hijo, hoy voy a compartir contigo el concepto de revelación, y luego voy a explicarte el cambio de cosmovisión que tú necesitas hacer en tu vida. Y espero que eventualmente esto remiende tu errante conducta».

No. Necesitamos un plan. Y resulta ser que ese plan no es tan diferente de cómo nosotros los adultos incorporamos la revelación de Dios en nuestras propias vidas. Helo aquí: Hablamos acerca de ello. Mucho. Contamos historias acerca de ello. Conformamos nuestras historias personales dentro de la gran historia de Dios. Y luego hablamos de ello un poco más.

La historia es lo que finalmente sucede debajo de la superficie. Las Escrituras son básicamente una serie de historias... la historia de Dios de la creación, la redención, la interacción de Dios con el mundo, y la esperanza que Dios nos da para el futuro. Es una gran y asombrosa historia llena de otras muchas pequeñas historias.

Sin embargo, muchas veces la destruimos al cortarla en pequeños pedazos que parecen no tener relación unos con otros. Y luego nos olvidamos de cómo se supone que encajen de nuevo todos juntos, y nos frustramos porque no podemos sostener todas esas piezas en nuestra mente de forma simultánea. Pero cuando la Palabra de Dios es vista como una historia continua, moldea nuestras vidas de una forma mucho más natural. Y cuando basamos nuestra historia en la historia de Dios, y hacemos que nuestra historia encaje dentro de la historia de Dios, estas dos historias quedan inseparablemente unidas de manera natural. Exactamente como esperamos que suceda en las vidas de nuestros hijos.

Por ejemplo, si yo realmente creo que Jesús es el camino y la verdad y la vida, esto va a cambiar mi forma de ver el mundo. Y mi creencia me indicará que otras personas necesitan saber esa gran noticia también:

que Jesucristo murió por sus pecados, y que Él puede liberarlos de la atadura del pecado.

No recuerdo escuchar palabras, pero recuerdo cierta vez en que vi a mi padre predicando esto con su vida. A papá le gustaban los Corvettes, sin embargo nunca pudo llegar a comprarse algo tan ostentoso. Aun así, después de realizar un trabajo para un vendedor de automóviles, se dio permiso para recibir un Corvette como parte del arreglo de pago. ¡Él amaba ese carro!

Luego un día mi hermano Josh lo chocó. De hecho, retrocedió, chocó, y abrió un gran agujero a un costado del automóvil. La reacción de papá me convenció de que él estaba dispuesto a vivir dentro de la historia de Dios y no de la del mundo. Sí, estaba molesto con Josh por no tener cuidado. Pero no le gritó amargamente ni castigó a Josh por el accidente. Incluso siendo que no tenía el dinero necesario para reparar el automóvil de inmediato (en parte por algunos compromisos financieros que había tomado con unas obras misioneras). Así es que papá condujo ese Corvette con un gran agujero al costado, sin mostrarse perturbado en lo más mínimo. La reacción de papá nos dejó ver claramente que él no se definía a sí mismo por ese automóvil. Él se definía por su Dios.

De hecho, cada día los padres les contamos a nuestros hijos una historia o la otra, muchas veces sin pronunciar siquiera una palabra. En el próximo capítulo echaremos un vistazo más de cerca a la otra historia, a la que está compitiendo de manera directa con la historia sobre Dios y su reino que intentamos contarles a nuestros hijos.

Antes de seguir con el próximo capítulo, hazte las siguientes preguntas:

1. ¿Crees tú que eres el pastor más importante que tus hijos jamás tendrán? ¿Por qué sí o por qué no?

2. ¿Es la historia que le estás contando a tu familia (a través del modo en que te ven vivir cotidianamente) la misma historia sobre la vida y el mundo que esperas que ellos vivan? ¿Es la historia de Dios que surge de la Biblia?

3. ¿Qué porcentaje de tus conversaciones diarias, con y frente a tu familia, tiene que ver con lo que Dios ha revelado acerca de la verdad, del universo y de sí mismo?

CAPÍTULO CUATRO

ESTRATEGIAS FRACTURADAS PARA COMPETIR CON LA HISTORIA DEL MUNDO

La paternidad sería mucho más fácil si todo lo que tuviéramos que hacer es contarles la historia de Dios a nuestros hijos. Si viviéramos en un restaurante cósmico donde la historia de Dios fuera la única en el menú, nosotros y nuestros hijos no tendríamos otra opción más que abrazarla con nuestros pensamientos, palabras y acciones a cada momento de cada día.

Por supuesto, la realidad es que hay otra opción en el menú... Es letal, pero extrañamente a veces nos parece apetitosa. Y, debido al pecado original, nuestros hijos vienen también con un deseo intrínseco de probar ese otro plato. Se llama «línea de la historia del mundo», y se ofrece en competencia directa contra la perspectiva revelada de Dios acerca de cómo funciona realmente el universo.

La vida tiene dos líneas de historia por las que podemos caminar:

LA LÍNEA DE LA HISTORIA DE DIOS (el Reino de DIOS)

LA LÍNEA DE LA HISTORIA DEL MUNDO (los reinos de este mundo)

Observarás una evidente diferencia geométrica cuando veas estas dos líneas de historia: la línea de la historia del mundo es corta. Sería más adecuado llamarla «segmento de línea». Tiene un inicio definido y un final definido. Cuando yo estaba en la escuela, colocábamos un punto en cada extremo para mostrar exactamente eso.

La línea de la historia de Dios, por otro lado, tiene una flecha en cada extremo... mostrando que continúa para siempre en ambas direcciones. Esa es LA línea.

La línea de la historia del mundo comenzó cuando el pecado entró a la experiencia humana en el Jardín del Edén. Comenzó cuando la humanidad creyó la mentira de la serpiente, que les dijo que un Dios que nos ama nunca nos privaría de algo tan bueno como la fruta prohibida. Y desde entonces, aquellos de nosotros que caminamos en la línea de la historia del mundo (es decir, todos nosotros en algún punto) hemos estado dudando del amor de Dios, de su bondad, y su poder.

La línea de la historia del mundo terminará abruptamente, violentamente, al final de los tiempos cuando la serpiente será encerrada de una vez por todas, junto con aquellos que rechazaron a Jesús como el único camino para vivir permanentemente dentro la línea de la historia de Dios. Así que, en verdad, cada segundo que permanecemos dentro de la línea de la historia del mundo es tiempo perdido en un callejón.

Como cristianos, sabemos esto. Estamos convencidos de ello. Sin embargo, aun así experimentamos una lucha continua por confiar en Dios y mantenernos lejos de los caminos del mundo. Pero desesperadamente queremos que nuestros hijos vivan sus vidas en la línea que no tiene principio ni fin, la línea cuya energía es el mismo poder de Dios, la línea en la que se encuentra el significado, el propósito, la esperanza, y el gozo para toda la vida. Queremos que nuestros hijos vivan en la línea de la historia de Dios.

Como vimos en el capítulo anterior, la clave para continuar viviendo dentro de la línea de la historia de Dios a la vez que les transmitimos esto a nuestros hijos, es hablar constantemente acerca de la revelación de Dios. Esto nos ayuda mantenernos pensando, preguntando, y reflexionando sobre el destino de la línea de la historia de Dios.

Escucha a Pablo en Colosenses 3.1-4:

Ya que han resucitado con Cristo, busquen las cosas de arriba, donde está Cristo sentado a la derecha de Dios. Concentren su atención en las cosas de arriba, no en las de la tierra, pues ustedes han muerto y su vida está escondida con Cristo en Dios. Cuando Cristo, que es la vida de ustedes, se manifieste, entonces también ustedes serán manifestados con él en gloria.

Queremos vivir en la línea de la historia de Dios porque es el camino que corre directo hacia nuestro mundo futuro real con Dios por toda la eternidad. ¿Y qué no daríamos por que nuestros hijos caminen ese camino junto a nosotros?

El mundo no es suficiente

Mantenernos a nosotros mismos y a nuestras familias en el camino de Dios implica entender lo suficiente acerca del camino alternativo como para desear evitarlo... y también requiere determinar una estrategia para lidiar con la realidad del mundo a nuestro alrededor. ¿Cómo describimos el mundo mientras contamos la historia de Dios a nuestras familias?

Comencemos con la definición. Cuando se usa en la Biblia, la palabra «mundo» puede significar distintas cosas, pero en este momento solamente estamos interesados en una idea específica acerca del mundo. No estamos hablando acerca del mundo como creación de Dios. Entendemos que Dios creó nuestro planeta y todas las cosas vivientes que en él residen, así como las estrellas, los demás planetas, y los cielos. Dios llamó a todas esas cosas «buenas» en el diseño original. La creación de Dios es una de las primeras cosas que conocemos de la línea de la historia de Dios.

Tampoco queremos decir «mundo» para referirnos a todas las personas en el planeta Tierra. Cuando nos referimos a «la línea de la historia del mundo» no estamos queriendo decir «la línea de la historia de la humanidad». Dios ama a las personas. El texto bíblico más conocido en la Biblia nos dice que Dios ama al mundo de tal manera que envió a Jesús a la tierra, y que tenemos la oportunidad de creer en Jesús para que podamos caminar dentro de la línea de la historia de Dios.

¿Qué es «el mundo», entonces? Arribaremos a unas definiciones bíblicas clásicas en un momento. Pero permíteme ilustrar lo que viene a mi mente cuando pienso en la definición de «mundo». Pido disculpas de antemano a los delicados, pero he pasado mi vida hablándoles a los adolescentes, y he descubierto que a ellos les encantan las ilustraciones que dan asco. Así que aquí va una para «el mundo»:

Imagina que tú, y yo, y digamos cien de tus amigos más cercanos nos metemos todos juntos en una piscina muy pequeña. Apenas cabemos. Estamos todos de pie, hombro con hombro, espalda con espalda. Ahora imagina que todos nosotros representamos a todas las personas del mundo, y que la piscina representa el planeta, la creación.

Después de haber estado en la piscina durante más o menos una hora, el agua comienza a sentirse extraña. Tomamos un vaso limpio y recogemos una muestra, la vemos a la luz, y nos damos cuenta de que está oscura por todo el epitelio, toda la capa exterior de nuestra piel que se nos fue desprendiendo. Esas células de la piel comienzan a flotar por allí, reflejando la luz y oscureciendo el agua. En este momento podríamos mirar la piscina y decir: «Oigan, algo está pasando con el agua. La creación tiene un problema».

Si esperamos unas cuatro horas, el agua podría comenzar a cambiar de color, tomando un tinte de color amarillo. Una espuma de color amarillo verdoso podría comenzar a flotar en la superficie. Nuevamente tomamos una pequeña muestra de agua, la vemos contra la luz, y ahora decimos: «Algo anda mal con el planeta».

Durante un rato más todavía podríamos tratar de mirar hacia otra parte buscando la fuente del problema. Podríamos mira a las otras personas que hay en la piscina y, basándoos en el hecho de que la temperatura sube un grado de vez en cuando (cada vez que alguien pone una cara chistosa), podríamos decir que las personas dentro de la piscina son la causa del problema que hay en la piscina.

Bueno, las personas son parte del problema. Pero ellas no son, en última instancia, las verdaderas causantes lo que está sucediendo aquí.

El verdadero problema es un letrero en la cerca de metal alrededor de la piscina que claramente explicaba las reglas: «No clavados, no correr, no orinar en la piscina».

El problema es que, con el tiempo, esas reglas se han distorsionado un poco. De algún modo el letrero ha sido modificado. La palabra «no» al inicio de la tercera regla ha sido borrada, así que ahora dice: «orinar en la piscina». Por lo tanto, las personas que están en la piscina están siguiendo un sistema de creencias, pero se trata de un sistema de creencias distorsionado.

Esta es la idea bíblica de «mundo» de la que estamos hablando cuando nos referimos a la línea de la historia del mundo. En pocas palabras, «el mundo» es un sistema distorsionado de creencias.

Como dije anteriormente, Dios creó originalmente la tierra y todo lo que hay en ella. Y cuando Dios hubo terminado, llamó a todo esto «bueno». Pero debido al pecado de la humanidad, todo comenzó a decaer. El resultado han sido una serie a de sistemas confundidos, distorsionados, y fuera de sincronía, que la humanidad ha seguido de forma voluntaria y necia... en dirección exactamente opuesta a lo que Dios quiso y planeó desde un principio.

Siendo padres, nuestro entendimiento sobre la línea de la historia del mundo (y nuestra estrategia para responder a ella) afectará profundamente la forma en la que criamos y educamos a nuestros hijos. Veamos algunas de las historias que los padres cristianos intentan seguir cuando se trata pensar acerca del mundo o de integrarse a él.

Pero, antes de esto, quiero dejar clara una cosa: Yo estoy convencido de que cada persona que lee este libro quiere lo mejor para sus hijos. Simplemente queremos lo mejor para ellos. Es la forma en la que estamos configurados como padres, y también es nuestro deseo como hijos de Dios. Queremos hacer lo correcto. Tenemos un instinto protector. ¡Eso es bueno! El detalle es que a veces nuestros buenos instintos pueden convertirse en obstáculos para nuestra meta de criar hijos que busquen el corazón de Dios. Veamos cómo sucede esto...

ESTRATEGIA NÚMERO 1: AISLARSE DEL MUNDO

El que se aísla del mundo actúa en realidad como si el mundo no existiera. La meta en esta estrategia es mantenerte a ti y a tu familia detrás de una pared, alejados de cualquier cosa que pueda contener influencia del mundo. Tratamos de proteger a nuestros hijos de la línea de la historia del mundo desconectando completamente a nuestra familia de esa línea.

La estrategia del aislamiento es una respuesta comprensible que suelen tener los padres preocupados, pero en última instancia se encuentra motivada por el miedo. Tenemos miedo de lo que el mundo pueda hacerles a nuestros hijos. Tenemos miedo de que Dios no sea tan poderoso en nuestras vidas y en las vidas de nuestros hijos como para vencer las influencias del sistema distorsionado de creencias del mundo.

Y al final de cuentas, construir una barrera no funcionará, por dos razones: en primer lugar, el mundo siempre se filtra a través de la barrera. No podemos mantener al mundo fuera de nuestras vidas por mucho tiempo, ni seguir funcionando dentro de esta creación caída y alrededor de otras personas pecaminosas sin ser expuestos al sistema del mundo.

Una segunda y más poderosa razón es que no podemos caminar en la línea de la historia de Dios si construimos una barrera entre el mundo y nosotros. Porque la gran comisión de Jesús incluye instrucciones explícitas y específicas de «ir al mundo» con el propósito de enseñar el evangelio y hacer discípulos.

En efecto, entonces, el que intenta aislarse solamente puede crear una membrana semipermeable. ¿Recuerdas lo que estudiaste en Biología en la secundaria? Una membrana semipermeable permite que las substancias fluyan hacia un lado pero no hacia el otro. Cuando intentamos fabricar una pared que nos aparte del mundo, el mundo termina filtrándose a pesar de nuestros mejores esfuerzos, y encima restringimos la influencia positiva que nosotros podríamos tener sobre el mundo. Recibimos la influencia del mundo, y no podemos nosotros influir sobre él.

Jesús comprendía esto, y Mateo 11.19 nos dice lo que el mundo decía sobre él: «Vino el Hijo del hombre, que come y bebe, y dicen: "Éste es un glotón y un borracho, amigo de recaudadores de impuestos y de pecadores." Pero la sabiduría queda demostrada por sus hechos».

Jesús a menudo se rodeaba de personas bastante hostiles, porque él estaba aquí para ser de influencia sobre quienes habían caído completamente dentro de la línea de la historia del mundo. Como consecuencia, algunas personas religiosas acusaron a Jesús de actuar mal. Pero se nos dice que la sabiduría quedó demostrada por sus hechos. Jesús hizo lo correcto al alcanzar a aquellos perdidos en este mundo. Al estar en compañía de ellos, él pudo utilizar su influencia para bendecirlos.

Antes, en Mateo, Jesús les dijo expresamente a sus seguidores que ellos debían dejar de aislarse, ya que de otro modo perderían la guerra de influencia que Dios deseaba que ganen:

> *«Ustedes son la sal de la tierra. Pero si la sal se vuelve insípida, ¿cómo recobrará su sabor? Ya no sirve para nada, sino para que la gente la deseche y la pisotee». (Mateo 5.13)*

Así que varios de nosotros nos hemos puesto muy cómodos viviendo dentro del salero. Nos encanta el salero. Nos encanta pasar tiempo con nuestros amigos cristales de sal, escuchar nuestra música inspirada por cristales de sal, y leer nuestros libros creados por cristales de sal. Así que nos quedamos dentro del salero. Y cuando Dios levanta el salero y trata de hacernos salir al mundo para darle un poco de sabor, para despertarlo, para ayudarlo a vivir, nos aferramos a los agujeritos gritando: «¡No! ¡No quiero salir! ¡Estoy feliz aquí dentro! ¡Me encantan mis amigos cristales del sal!»

Pero, al final de cuentas, si no salimos del salero no servimos para nada. No podemos vivir con temor de que nuestras familias pierdan la batalla de la influencia si son expuestas a la línea de la historia del mundo. No podemos aislarnos de lo que hay alrededor de nosotros.

Jesús sigue diciendo en los versos 14-16 de Mateo 5:

«Ustedes son la luz del mundo. Una ciudad en lo alto de una colina no puede esconderse. Ni se enciende una lámpara para cubrirla con un cajón. Por el contrario, se pone en la repisa para que alumbre a todos los que están en la casa. Hagan brillar su luz delante de todos, para que ellos puedan ver las buenas obras de ustedes y alaben al Padre que está en el cielo».

Por favor, comprende que de ninguna manera estoy diciendo que no debemos proteger a nuestros hijos, o que no tenemos que cuidar a qué cosas los exponemos en cada edad y etapa de vida. Estoy refiriéndome a cuando desobedientemente aislamos a nuestros hijos, creyendo que la mejor manera de ayudarlos a crecer en su fe es cortando toda interacción con el mundo.

Quisiera utilizar aquí un ejemplo de mi propia vida. Pero antes de eso permíteme aclarar que no tengo problema con ningún método específico para educar a los hijos. Estoy convencido de que la escuela en casa, las escuelas cristianas, las escuelas privadas, y las escuelas públicas son todas formas absolutamente válidas para enseñarles a nuestros hijos.

Pero lo que *motiva* la forma de escuela que escogemos puede ser, sin embargo, un problema. Creo que los padres que envían a sus hijos a la escuela pública porque es lo más fácil o económico, y luego se desligan totalmente de lo que ocurre allí, están cometiendo un error. De igual forma, los padres que creen que si educan a sus niños en casa (en aquellos países en que esta es una opción legal) estarán protegiendo completamente a sus hijos de la influencia del mundo, también van por un camino equivocado. Es la motivación detrás del método, no el método en sí, que constituye un problema.

Cierta vez mi esposa Jade y yo estábamos en un picnic con varios matrimonios amigos. De nuestros amigos cercanos, algunos educaban a sus hijos en casa, y otros los enviaban a escuelas privadas cristianas. Y allí en medio estábamos nosotros: los padres de escuela pública.

Como suele suceder, los otros padres realmente se sorprendieron al saber que enviábamos a nuestros hijos a la escuela pública. Con todo lo involucrado que yo estoy en el ministerio, se preguntaban por qué habríamos tomado semejante decisión... Yo intenté ser respetuoso con sus diferentes puntos de vista, y tenía la esperanza de que fueran respetuosos con el mío también.

Los niños estaban todos reunidos a una cierta distancia del grupo de padres, y en cierto momento comenzaron a jugar «al casamiento». A todos nos pareció gracioso, y comenzamos a bromear acerca de hacer tratos los unos con los otros para arreglar los matrimonios. Y luego, de repente, escuchamos a uno de los niños que, señalando a una de las «parejitas» que se habían formado, gritó: «¡Se van a ir de luna de miel, y van a besarse con la lengua y a tener sexo!»

Todos los padres se voltearon para mirarnos a nosotros (¡los padres de la escuela pública!), y en sus rostros se podía leer la pregunta: «¿Cómo podrían nuestros hijitos estar hablando de eso a menos que los niños de la escuela pública se los enseñaran?».

Sabiendo que nuestros hijos no solo asisten a la escuela pública sino que también se juntan con adolescentes todo el tiempo (porque estamos involucrados en ministerio juvenil), no era una conclusión descabellada que quizás nuestros hijos fueran los que les estaban enseñando esto a los demás. Así que mi esposa corrió a donde estaban los niños, y la mamá de escuela en casa corrió también...

Unos cinco minutos más tarde, las dos madres regresaron. Mi esposa exhibía una plácida sonrisa en su rostro. La madre de la escuela en casa se veía extremadamente preocupada. Volvieron a sentarse alrededor de la mesa, y ella admitió que no podía entender cómo sus hijos sabían de esas cosas. Nos dijo: «¡Somos tan cuidadosos! Hemos intentado monitorear todo lo que ven en televisión y con quiénes juegan...»

No era la escuela en casa la que había fallado. La motivación de estos padres de aislar a sus hijos del mundo fue lo que falló. No funciona. El mundo presiona y se escurre a través de nuestras paredes, sin importar cuán cuidadosos sean nuestros intentos.

Nuestra hija, Skye, era una gran fanática de la serie High School Musical, así que nos sentimos un poco mortificados en septiembre de 2007 cuando salió a luz la noticia de que en Internet había fotos de una de las actrices principales. Inmediatamente nos pasamos al modo de aislamiento durante unos minutos, tratando de pensar qué podríamos hacer para impedir que esa historia llegara a oídos de nuestros hijos.

Justo en ese momento, mientras aún intentábamos planear cómo mantenerlos protegidos de oírlo en las noticias o en otra parte, Dax y Skye llegaron a casa y nos contaron la novedad. Ellos estaban conectados... ¡y de formas que nosotros simplemente no podíamos anticipar! Ellos no habían visto las fotos, pero conocían los detalles de lo que estaba sucediendo. El mundo los había alcanzado.

Finalmente esta se convirtió en una excelente oportunidad de enseñarles algo (una oportunidad que no habíamos anticipado). Conversamos en familia acerca de cómo algo así podía suceder, de por qué las personas a veces permiten que les tomen fotos sin ropa, y sobre cómo ellos deberían mantenerse totalmente alejados de hacer cosas como esta. Permitimos que nuestros hijos hicieran preguntas. Hablamos de cómo nuestras decisiones pueden seguir teniendo consecuencias mucho después de que las hayamos tomado (porque esas fotos nunca desaparecerían...). Finalmente, oramos por la chica y le pedimos a Dios que usara esta situación para Su gloria. También oramos para que la chica conociera a Dios por medio de Jesucristo y encontrara su ayuda en Él.

Cuando el aislamiento falla y nuestros hijos resultan expuestos a cosas que no quisiéramos, tenemos la oportunidad de enseñarles a navegar en el mundo que hay a su alrededor, tal y como es. Y podemos ayudarlos a intentar pensar cómo puede todo esto encajar dentro de la línea de la historia de Dios.

ESTRATEGIA NÚMERO 2: Reglamentar la influencia del mundo

Otra estrategia que a veces utilizamos como padres es intentar reglamentar la influencia del mundo en ciertas áreas. Hacemos más o menos una línea con puntos y decimos: «Estas son las cosas que están bien, y de esta forma puedes interactuar con el mundo. Pero en esta área, estoy colocando una barrera. Vamos a mantener al mundo fuera de este punto».

Por supuesto, poner barreras y límites para nuestros hijos es parte de ser buenos padres. El Estudio de Juventud y Religión que vimos antes mostró cuán importantes son las barreras claras. Los hijos las necesitan, y nosotros debemos colocarlas.

El problema no está en sentar límites claros. El problema viene cuando comenzamos a servir a esas barreras en lugar de servir a nuestros hijos y de ayudarlos a convertirse en hombres y mujeres que hagan el bien y busquen a Cristo.

Esta estrategia usualmente convierte a los padres en regañones. Nos encontramos constantemente dibujando y redibujando las líneas para nuestros hijos, diciéndoles lo que no deberían hacer, en lugar de apuntalar a nuestros hijos en tomar decisiones positivas acerca de a dónde van, qué hacen y en qué se convierten. En lugar de animar a nuestros hijos a la acción de abrazar todo lo que Dios ha querido que ellos sean en el mundo, nos encontramos constantemente reglamentando, halándolos, y diciéndoles lo que no pueden hacer.

Esta estrategia familiar se construye sobre el deseo de controlar a nuestros hijos, de mantenerlos protegidos (quizás) de ir en la dirección equivocada por si acaso no estamos allí tras la sombra de cada uno de sus movimientos. Tenemos miedo, nuevamente, de que si intentan cosas, si toman decisiones por sí mismos, entonces podrían fallar, y podrían perderse lo mejor de Dios al hacer algo inadecuado... como si pudieran arruinar todo de manera tan grave que perdieran la misericordia, la gracia, el amor y la aceptación de Dios.

Otro problema con este enfoque es que puede crear hijos que sigan las reglas sin entender el cuadro grande de la historia de Dios. Los hijos necesitan límites, pero también necesitan entender las razones detrás de esos límites, para poder crecer en su fe. Para poder pasar, en algún momento, de obedecer tus instrucciones a caminar por sus propias fuerzas en la línea de la historia de Dios.

De otra manera podrían llegar a ser como aquellos adoradores sin corazón descritos en Isaías 29.13, donde leemos:

«El Señor dice: "Este pueblo me alaba con la boca y me honra con los labios, pero su corazón está lejos de mí. Su adoración no es más que un mandato enseñado por hombres."»

Este pasaje realmente me asusta, no solo como seguidor de Cristo, sino como padre. La idea de que puedo creer que estoy haciendo todo bien mientras mi corazón está aun lejos del corazón de Dios, me aterroriza. No quiero ser un seguidor de reglas hechas por hombres para mi propia gloria... ni tampoco quiero criar hijos que hagan eso.

Nuevamente, Pablo hace eco de su contraparte en el Antiguo Testamento en Colosenses 2.20-23:

«Si con Cristo ustedes ya han muerto a los principios de este mundo, ¿por qué, como si todavía pertenecieran al mundo, se someten a preceptos tales como: "No tomes en tus manos, no pruebes, no toques"? Estos preceptos, basados en reglas y enseñanzas humanas, se refieren a cosas que van a desaparecer con el uso. Tienen sin duda apariencia de sabiduría, con su afectada piedad, falsa humildad y severo trato del cuerpo, pero de nada sirven frente a los apetitos de la naturaleza pecaminosa».

En el corto plazo, esta estrategia puede crear hijos complacientes que hacen lo que les decimos. Pero cuando vayan madurando y se den cuenta que los límites artificiales que creamos y que dijimos eran parte de la línea de la historia de Dios no se alinean completamente con las instrucciones de Dios en las Escrituras, correremos el riesgo de presentarles una forma tan débil de vida cristiana que nunca podrán descubrir la plenitud de seguir a Cristo. También corremos el riesgo de dejarlos aun más vulnerables a la influencia del mundo una vez que esos límites artificiales sean removidos.

Recuerda, nuestra esperanza no es solamente proteger la inocencia de nuestros hijos por el bien de mantenerlos inocentes. La inocencia (no ser expuestos a cosas duras o malas) no es lo mismo que una virtud. La virtud (excelencia moral, bondad, justicia) vendrá cuando nuestros hijos hayan sido expuestos a ciertas cosas mundanas y hayan escogido apartarse de ellas por su propia cuenta.

Obviamente, no pretendemos que nuestros hijos se autorregulen antes de la edad apropiada. Pero cuando el tiempo correcto llega, es refrescante ver esto en acción. Skye ya ha comenzado a hacerlo. Ella escucha la letra de alguna canción en la radio y dice: «¿Podemos apagar esta? No es una buena canción». Nos gusta que ella esté comenzando a poner sus propias barreras con base en su entendimiento sobre la historia de Dios.

Un último resultado desagradable de vivir por reglamentos y hacer de ello la estrategia familiar para lidiar con el mundo, es que puede producir hijos que juzgan y critican espiritualmente, en contraste con lo que deberíamos estar haciendo: criar familias que caminen agradecidas por la gracia de Dios y su misericordia, mostrando amor y honor por los otros hijos en Su línea de historia.

ESTRATEGIA NÚMERO 3: Estar de acuerdo con el mundo

Tal vez en este momento estés pensando: «Bien, ¡listo entonces! Supongo que quieres que simplemente dejemos a nuestros hijos ir allá afuera, y que hagan lo que les surja de manera natural en el mundo». No, la Palabra de Dios no nos permite abrazar esa opción tampoco.

Escucha lo que dice Santiago 4.4: «¡Oh gente adúltera! ¿No saben que la amistad con el mundo es enemistad con Dios? Si alguien quiere ser amigo del mundo se vuelve enemigo de Dios».

Hace poco escuché que una serpiente con dos cabezas se había vendido en eBay por 15.000 dólares. Cuando yo era un niño pequeño, pude ver mi primera serpiente de dos cabezas en el zoológico de San Diego. ¡Estaba fascinado! Después de leer un poco sobre el tema, aprendí que esta es una mutación genética común en las serpientes, pero que rara vez se ven ejemplares maduros de dos cabezas porque los depredadores suelen acabar con ellas antes de que tengan la oportunidad de crecer. Es solo en cautiverio que logran sobrevivir, ya que pueden madurar en un ambiente seguro.

¿Por qué, entonces, mueren tan jóvenes las serpientes de dos cabezas? Porque tienen dos cerebros... ¡dos cabezas controlando un solo cuerpo! Así que cuando se acerca un depredador, un cerebro dice: «Hey, voy a escaparme por esta dirección», y el otro cerebro dice: «No, mejor vamos a irnos por esta otra dirección», y ¡zas!, los dos cerebros terminan paralizando a la serpiente. Luego el halcón simplemente vuela hacia ella y atrapa su almuerzo, a un precio de dos por uno.

Los cristianos que están de acuerdo con el mundo pretenden vivir en la línea de la historia de Dios y en la línea de la historia del mundo simultáneamente. Ellos intentan compartimentar sus vidas, poniendo todo lo cristiano y lo de la iglesia de un lado, y todas las cosas del mundo del otro. Pero no pueden operar por mucho tiempo con dos cerebros intentando gobernar sus vidas. Eventualmente, uno o el otro ganará, y el triste resultado es que el que gana es muy a menudo el de la línea de la historia del mundo.

Y es que para mantener ambos estilos de vida, debes decidir con cuál vivirás hoy, en este momento... y luego con cuál en el siguiente... Esto te cansa. Y pronto te paraliza. Y al final, ¡zas!, tu familia es devorada por el león rugiente que anda merodeando en busca comida (tal y como leemos en 1 Pedro 5.8).

Todo se resume, una vez más, en que tenemos miedo. Pero este miedo es opuesto al miedo de quien se aísla. Este miedo se pregunta: «¿Y qué pasa si la línea de la historia de Dios no es verdad? ¿Qué ocurre si al final resulta que Dios es un mentiroso? ¿Qué si Dios no hace lo que dice que hará? ¿Qué si Dios solo quiere mantenerme lejos de las cosas buenas y divertidas de la vida?»

¿Te suena familiar? ¡Claro, porque es la misma mentira que la serpiente le dijo a Eva en el Jardín del Edén! La mentira que llevó a la humanidad a perder la confianza en Dios y en su Palabra. ¡Fue así como nos metimos en la línea de la historia del mundo en primer lugar!

Y hoy en día, así como en aquel entonces, el resultado de creer la mentira y de hacer nuestra la línea de la historia del mundo, es perdernos la vida... la verdadera vida. Jesús lo explicó así en Mateo 16.25: «Porque el que quiera salvar su vida, la perderá; pero el que pierda su vida por mi causa, la encontrará».

Y Pablo nos advirtió en Colosenses 2.8 para que no seamos seducidos por el razonamiento tramposo de este mundo: «Cuídense de que nadie los cautive con la vana y engañosa filosofía que sigue tradiciones humanas, la que va de acuerdo con los principios de este mundo y no conforme a Cristo».

No, no queremos llevar a nuestras familias rumbo al callejón sin salida de la línea de la historia del mundo, sin importar cuán atractiva esta se vea. Como padres extraordinarios, nuestra meta es ser modelos frente a nuestros hijos de un enfoque mucho más desafiante, mucho más vibrante, más activo y participativo, en lo que refiere a cómo lidiar con el mundo. Exploraremos de qué se trata este enfoque en el siguiente capítulo.

Antes de seguir con el próximo capítulo, hazte las siguientes preguntas:

1. Si creciste en un hogar cristiano, ¿qué estrategia intentaron usar tus padres contigo en relación con la línea de historia del mundo? ¿Qué tan efectiva resultó esa estrategia?

2. ¿Cuál de las tres estrategias descritas en el capítulo es la más cercana a tú propia respuesta como padre frente a la línea de la historia del mundo? ¿Cuán efectiva ha resultado ser esa estrategia hasta ahora

CAPÍTULO CINCO

TU HOGAR ES UNA EMBAJADA

En el capítulo anterior hemos analizado (y descartado) tres historias que podríamos contarles a nuestros hijos acerca del mundo.

No podemos aislarnos de manera efectiva del sistema del mundo y seguir viviendo en este planeta. No podemos guiar de manera efectiva a nuestros hijos a ser seguidores de Jesús, llenos de gracia, mediante la creación de una especie de «segunda ley» para tratar de mantenerlos alejados de las fronteras con el mundo. Y darnos por vencidos y permitir que nuestros niños intenten caminar al mismo tiempo en la historia del mundo y en la historia de Dios, solo dará lugar a dolores de cabeza, confusión y división. No podemos permitirnos contarles a nuestros niños una historia que diga que está bien ser amigos del sistema del mundo.

Entonces, ¿qué hacemos?

Tratemos de seguir la historia de Dios. Específicamente, intentemos seguir a Jesús, quién vino con un plan para relacionarse con el mundo. Él vino a transformarlo.

Pablo lo presenta de esta manera en su carta a los Romanos: «No se amolden al mundo actual, sino sean transformados mediante la renovación de su mente. Así podrán comprobar cuál es la voluntad de Dios, buena, agradable y perfecta». (Romanos 12.2)

En español, los traductores usan dos palabras («amoldarse» y «transformarse») para comunicar la idea central de este versículo. Las palabras suenan parecido, pero significan cosas diferentes. No nos amoldamos a ningún patrón de este mundo, sino que somos transformados mediante la renovación de nuestras mentes.

Este versículo nos dice que hay un molde o un patrón, un esquema para el mundo, algo que se repite una y otra y otra vez. No hay nada nuevo en el mundo, solo una generación tras otra generación siguiendo el mismo viejo modelo de servir y satisfacer al «yo».

Pero el mundo intenta poner las cosas al revés. Mira al cristianismo y dice: «No hay nada nuevo ahí». Y somos tentados a creer esto y a seguir el sistema del mundo en lugar de romperlo y hacer algo nuevo. Pero esto es a lo que Dios nos ha llamado: a no conformarnos sino ser transformados mediante la renovación de nuestras mentes, cambiándolas para ser mejores.

Mencioné al comienzo de este libro cuánto amaba yo La Guerra De Las Galaxias cuando era niño. La película llegó a los cines cuando estaba en tercer grado, así que fue entonces cuando vi la película por primera vez. Y a partir de ese momento sentí que nunca podría tener suficiente. Yo quería todo lo que estuviera relacionado con La Guerra De Las Galaxias. De hecho, realmente estaba desesperado por un juego de La Guerra De Las Galaxias de Play-Doh (masa para modelar) ¡Este juego traía los tres colores que existían de Play-Doh! (Eso era todo lo que había en ese tiempo... Tenías que usar una rueda de color y mezclar si querías obtener algún color además de los primarios: rojo, azul y amarillo.)

De cualquier manera, lo importante era que también traía el set de moldes para hacer los personajes. Metí tan rápido como pude un poco de masa amarilla (¿quién tenía tiempo para mezclar colores?) dentro del molde de Luke Skywalker, presioné el plástico, corté por los bordes el exceso de masa, y ¡boom! Salió un pequeño Luke Skywalker en toda se gloria amarilla.

Lo que había comenzado como una pequeña montaña amarilla de Play-Doh, se había «amoldado» al patrón de la imagen de Luke Skywalker... ¡Increíble! Bueno, salvo por el hecho de que en realidad seguía siendo solo un montón de masa amarilla. Se veía diferente, pero nada de su sustancia había cambiado.

En el versículo que leímos en Romanos, Pablo nos está diciendo: «¡Conviértanse en algo diferente! No se conformen con seguir siendo lo mismo de siempre, no se conformen con ser iguales a todos los que los rodean». En otras palabras, no pretendas que algo sustancial ha cambiado dentro de ti solo por el hecho de que vas con tus hijos cada domingo a la iglesia, oras y lees la Biblia. No te conformes al sistema del mundo poniéndole un poco de «saborizante a iglesia».

Necesitamos ser *transformados*. Transformación significa pasar de ser una cosa a ser algo completamente nuevo, diferente y fresco.

La idea de transformación me recuerda un comercial de automóviles que vi cuando era niño. (Esto fue cuando la técnica de video digital estaba poniéndose de moda.) En el comercial, un tigre iba corriendo por la carretera cuando, de repente, se convertía en un automóvil. ¡Genial! Como estudiante de secundaria y súper nerd que era (yo quería ser como Steven Spielberg), esto realmente me impactó.

El punto que quiero compartirte aquí es que este anuncio representaba una transformación real. No era un auto pintado para parecer un tigre. Y no era un tigre que lucía como un auto. Era un tigre que se convirtió en un auto. Ahora era algo completamente diferente de lo que era antes.

Cuando leo el pasaje que vimos en Romanos 12, eso es lo que viene a mi mente. Dios está llamándonos a un nuevo propósito, a una nueva historia. Éramos algo, y ahora Dios quiere convertirnos en otra cosa... No quiere que solo *parezca* que somos otra cosa.

La pregunta es esta: ¿Están nuestras familias siendo transformadas? ¿Estamos experimentando diariamente la realidad de caminar en una nueva historia? Nuestras respuestas son importantes, porque caminar en esa nueva historia trae aparejada una nueva descripción de trabajo para aquellas familias que realmente han sido transformadas.

Un nuevo título

Parte de nuestro proceso de transformación incluye ser representantes de eso nuevo en lo que nos estamos convirtiendo (o el nuevo destino hacia el que nos estamos dirigiendo) frente a las personas en el mundo alrededor nuestro (es decir, aquellos que aún están atrapados en la perspectiva del mundo). Como personas transformadas, nuestra historia debe incluir el compartir con otros el regalo de Dios para el mundo, ese regalo capaz de transformar.

La Biblia lo describe de la siguiente manera en 2 Corintios 5.20: «Así que somos embajadores de Cristo, como si Dios los exhortara a ustedes por medio de nosotros: "En nombre de Cristo les rogamos que se reconcilien con Dios"». En otras palabras, se nos da un nuevo título cuando elegimos caminar en la línea de la historia de Dios. Nos convertimos en embajadores de Cristo. Nos convertimos en sus representantes en el mundo.

Aquí tienes dos definiciones de «embajador» que encontré en el diccionario:

1. Un agente diplomático de alto rango, acreditado ante un gobierno extranjero como representante residente de su propio gobierno, nombrado para una asignación especial que puede ser temporal.

2. Un representante autorizado o mensajero.

¿De qué manera te recuerdan estas definiciones a la vida cristiana y a lo que significa vivir en la línea de la historia de Dios? ¿De qué manera podrían *no* recordártelo? El título de «embajador» es una parte central de la historia de la vida cristiana. Ese es el papel que debemos jugar (junto a nuestras familias) mientras caminamos a través del mundo sin convertirnos en parte de él. Somos representantes de una nación que nunca hemos visto, y debemos mostrarle al mundo nuestra fuente de esperanza. Debemos compartir con ellos el poder para ser transformados: Jesucristo.

Y si somos embajadores de Cristo, eso convierte a nuestros hogares en embajadas del Reino de Dios, ¿no es así? Ahora bien, esta sí que es una nueva historia para presentarles a nuestros hijos: Nuestros hogares deben ser embajadas, refugios seguros, fuentes de hospitalidad, lugares a los que las personas puedan venir y aprender acerca de nuestra nación celestial, acerca del Rey que nos salvó y a quien seguimos y servimos.

Recuerdo cuando comencé a pensar seriamente en este concepto de «embajadores» y «embajadas» por primera vez. Fue hace muchos años, mientras regresaba a casa en un avión de American Airlines con su nuevo sistema electrónico de boletos y vuelos. Como mi ministerio requiere que viaje mucho, yo he pasado mucho tiempo en aviones. Y cuando tú vuelas mucho con una misma aerolínea (como yo en American), la aerolínea te asigna un estatus especial. El año pasado yo logré el estatus Ejecutivo Platinum, y comencé a obtener todos los beneficios que se le brindan a los viajeros tan (demasiado) frecuentes.

Antes del 9/11, esto representaba un trato incluso más especial, porque tú no tenías que permanecer tanto tiempo atravesando todos los procedimientos de seguridad que se empleaban para los pasajeros "normales". Podías simplemente presentar una tarjeta y las personas sabían que eras especial, que tú pertenecías al círculo íntimo. Esa tarjeta Platinum te movía al frente de la fila o incluso a una fila más especial en la que pasabas rápido. ¡Yo amaba esto!

Un día llegué al aeropuerto temprano en la mañana. Yo estaba tranquilo. Sabía que todo estaría bien, pues tenía la tarjeta Platinum para ayudarme a abordar el avión en un dos por tres. Sin embargo, había un problema: El nuevo sistema electrónico de boletos y vuelos había sido puesto en funcionamiento, y el área de check-in lucía más caótica que lo usual. Había filas en donde nunca antes las había habido.

Caminé al frente de la fila y saqué mi tarjeta Platinum. Pero la empleada de la aerolínea me dijo: «Lo siento señor, usted debe esperar al final de la línea».

Yo le dije: «No. Tengo una tarjeta Platinum».

Y ella me respondió: «Lo sé. Y usted es bienvenido, pero debe esperar al final de la línea junto a los otros miembros Platinum».

Me dirigí al final de la fila sintiéndome indignado. Comencé a hablar con otros miembros Platinum (incluso con algunos miembros Gold) acerca de cómo estábamos siendo tratados y de cómo todo este sistema era un desastre. Empecé a sentirme muy enojado. Y miraba a la mujer detrás del mostrador. Ella estaba todo el tiempo escribiendo en la computadora, y yo comencé a pensar «ella no sabe lo que está haciendo». ¡Yo estaba seguro que podría hacer más con una venda en los ojos y un martillo, que lo que ella estaba haciendo con los dedos y con sus ojos muy abiertos!

Para ser sinceros, yo ahora estaba furioso. Incluso preparé un pequeño discurso. Pensé: «Voy a darle a esta mujer un mensaje que ella nunca antes ha escuchado. Voy a dejarle saber lo que el viajero frecuente número KJW8802 piensa acerca de la manera en la que está siendo tratado por American Airlines en este día en particular». Ya estaba empezando a caminar hacia el mostrador para hacerle saber esto...

De repente, recordé que había estado preparándome para enseñar acerca de los roles de un embajador (todo eso de que yo no me represento a mí mismo, y de que no soy parte del sistema del mundo, y de que mi estatus no proviene de American Airlines...). Y entonces me di cuenta de que la batalla estaba en mí. Adentro. Y comencé a pensar: «*No. No. No me cambies el plan. ¡Me han maltratado! ¡Tengo un discurso!*». Pero el Espíritu Santo simplemente dijo: «*No es así. Se trata de mí. Tú me representas*».

Inundado por una conciencia abrumadora de cuán equivocado había estado, entendí una vez más que la descripción de trabajo de un embajador no le permite representarse a sí mismo a expensas de quien lo nombró.

Así que, cuando llegó mi turno, me acerqué al mostrador y en lugar de recitarle mi discurso a la empleada de la aerolínea, le dije: «Hola, ¿cómo está usted hoy?»

Ella me respondió: «No muy bien. Ya sabe... Todas y cada una de las personas que están aquí están enojadas conmigo. Y el nuevo sistema no está haciendo lo que se supone que debería hacer».

Entonces yo le dije: «Bueno, yo no estoy enojado con usted». Ahora bien, ten en cuenta que solo 20 segundos antes esto hubiera sido una mentira. Pero no lo fue, porque en ese último minuto había ocurrido una verdadera transformación en mi corazón. Entonces le dije: «Soy pastor. Y cuando esté en el avión, voy a orar para que Dios le de paz y cualquier otra cosa que necesite para enfrentar los retos de este día».

Ella me respondió: «Muchas gracias», con lágrimas en sus ojos.

No tuve tiempo de explicarle las cuatro leyes espirituales, ni de compartirle el plan de salvación. De hecho, ella tal vez ya era cristiana y yo ni me enteré. Pero sé que durante los 10 ó 15 segundos que estuve frente a su mostrador, serví como un embajador del Reino de los Cielos. Representé a mi Rey (en lugar de a mí mismo). Representé a mi Salvador. Representé Su manera de hacer las cosas, en lugar de la manera en que el mundo las hace. Y al hacerlo, recordé una vez más que esta es la historia para la que estoy destinado a vivir cada día. No solamente cuando estoy esperando en una fila.

Definiendo el éxito

¿Cómo hacemos esto en nuestros hogares? ¿Cómo cambiamos la historia en la que nuestras familias, incluidos nuestros hijos, están caminando? ¿Cómo nos aseguramos de que no estamos contándoles una historia que dice: «Estamos apartándonos del mundo»? ¿O una historia en la que todo tiene que ver con reglas y prohibiciones de lo que no podemos hacer siendo cristianos? ¿O contándoles que el cristianismo no es importante porque al final, de todos modos, estamos haciendo lo que nosotros queremos hacer?

¿Cómo hacemos para contarles una historia diferente?

En parte, podemos hacer esto mediante un cambio en cuanto a cómo definimos el éxito en nuestras vidas. Debemos pensar nuevas respuestas para la pregunta: «¿Qué nos hace exitosos como familia?»

Siendo un profeta para la nación de Israel, el trabajo de Jeremías incluía mostrarle a la gente cómo la línea de la historia de Dios y la línea de historia del mundo (para los que viven en él), claramente contrastan entre ellas. Él desafió a los israelitas a caminar en la historia de Dios, y les mostró que Él definía el éxito de manera muy diferente a cómo ellos lo medirían.

Jeremías 9.23 dice: «Así dice el Señor: "Que no se gloríe el sabio de su sabiduría, ni el poderoso de su poder, ni el rico de su riqueza."»

En este versículo se nos dice claramente que no nos jactemos de ninguna de estas tres áreas de nuestra vida: sabiduría, fortaleza y riquezas.

Si puedes, tómate unos minutos y piensa en esto. Lee las siguientes preguntas y realiza una pequeña autoevaluación que te ayude a reflexionar:

¿Está tu familia orgullosa de su intelecto? ¿En tu familia se enorgullecen al lograr cierto nivel académico, o por lo inteligentes que son, o por ser muy creativos? ¿Es eso de lo que se jactan?

¿Está tu familia orgullosa de su influencia? ¿Están orgullosos de su poder o posición en la comunidad?

¿Está tu familia orgullosa de sus riquezas?

La sensación que tendrán tus hijos de estar bien espiritualmente o no, comienza con la definición familiar de éxito. Si como cabeza de la familia, tú defines el éxito de acuerdo a las riquezas, el intelecto o el estatus, eso les dice mucho a tus hijos acerca de la historia en la que elijes vivir.

Sea lo que sea aquello por lo que estés orgulloso, esto impactará a tus hijos y la manera en la que entienden la importancia (o no) de la historia de Dios. Incluso si nunca hablamos de dinero o del éxito del mundo, y decimos en lugar de esas cosas que el camino de Dios es el único y más importante, nuestros hijos son sagaces... Ellos captan la verdad de lo que creemos a partir de lo que ven en nuestra manera de vivir, y mediante lo que transmiten nuestras acciones y actitudes cotidianas.

El siguiente conjunto de preguntas de autoanálisis te ayudará a pensar sobre qué es lo que tu familia está valorando verdaderamente y en qué está poniendo su esperanza y seguridad. Intenta responderlas con honestidad...

¿QUÉ RECOMPENSAS TÚ?

¿Qué es lo que en tu casa llama más la atención de papá o mamá? ¿Qué acción es la que más frecuentemente provoca una felicitación o una palabra de ánimo? ¿En qué momentos o en respuesta a qué logros se otorgan mayores cumplidos? Lo que recompensas revela lo que valoras.

¿QUÉ O A QUIÉN ADMIRAS?

Nuestros hijos se dan cuenta de las cosas que estimamos. Ellos observan a las personas que admiramos. Ellos examinan a nuestros héroes o modelos y definen, en algún nivel: «*Así que es de esta manera como luce el éxito*». Ellos piensan: «*Esta es la idea de mamá de cómo debe verse una mujer, o esta es la idea de papá de cómo es un verdadero hombre. Yo debería ser como ellos*». ¿A quién admiras tú?

¿QUÉ CAUSAS APOYAS FINANCIERAMENTE?

Tus hijos también se dan cuenta de lo que haces y lo que no haces con tu dinero, incluso si tú no compartes con ellos cómo distribuyes específicamente tus ingresos, en qué gastas y cuánto y a quién le das. Ellos notan en dónde pones tu tesoro y lo que tu corazón realmente valora.

Yo estaba hablando acerca de este tema con un pastor de jóvenes en Carolina del Norte mientras nos registrábamos en un hotel. De repente me di cuenta de que la empleada que estaba realizando nuestro check-in casi comenzaba a llorar mientras estábamos hablando.

Yo le dije: «Señora, ¿está usted bien?»

Y ella respondió: «Discúlpeme por escuchar su conversación, pero lo que usted estaba diciendo captó mi atención. Tengo problemas en mi familia en este momento, y lo que usted hablaba acerca de lo que nosotros apoyamos como padres realmente me tocó. Yo me quejo por cada centavo que tengo que darles a mis hijos para sus actividades con el grupo de jóvenes de la iglesia. Pero cuando se trata de hacer deportes, les doy el dinero que me piden sin ningún problema. Ahora me doy cuenta que estoy enseñándoles a mis hijos que Dios no es lo más importante en nuestras vidas».

Yo no podría haberlo dicho mejor.

Jeremías usó la palabra *gloriarse*, que vendría a ser algo así como *jactarse*. Me gusta analizar qué cosas nos caracterizan como familia, o por qué cosas son nuestras familias conocidas. Lo que nos caracteriza, o aquello por lo que somos conocidos en las áreas de finanzas, de atención y de estima, ¿muestra que estamos viviendo en la historia de Dios, como embajadores de Cristo, o que estamos viviendo en la historia del mundo, como embajadores de nosotros mismos?

A continuación, en Jeremías 9.24, el profeta nos dice de qué cosas sí podemos gloriarnos:

«...Si alguien ha de gloriarse, que se gloríe de conocerme y de comprender que yo soy el Señor, que actúo en la tierra con amor, con derecho y justicia, pues es lo que a mí me agrada —afirma el Señor—».

Dios quería que los israelitas estuvieran felices conociéndolo y comprendiendo que Él es el Señor, más que por su dinero, estatus o fortalezas. Y Dios quiere lo mismo para nuestras familias hoy.

Respondiendo juntos a preguntas difíciles

Tal vez este ejercicio no encaje con todas las familias, pero por si te sirve hemos incluido aquí una lista que puedes usar con tu esposo o esposa y con tus hijos, para intentar responder juntos algunas preguntas difíciles acerca de la historia que están viviendo. Al conversar sobre su modo familiar de vivir en la historia de Dios, esta guía los ayudará a evaluar sus palabras, acciones y actitudes, y así ver qué evidencias hay en sus vidas que muestren que están en el camino de Dios.

Primero, siéntate con tu familia. (Nota: Esto podría ser algo inusual. Si es demasiado radical salirse de la manera en la que usualmente funcionan cuando están teniendo una conversación familiar en el mismo salón, entonces tal vez podrías hablar con tus hijos de manera individual antes de intentar que estén todos juntos. De lo contrario, siéntate con todos los miembros de tu familia y actúa de forma natural con ellos.)

Segundo, diles que tú no tienes todas las respuestas, pero que quieres guiarlos a medida que profundizan todos juntos como familia en la historia de Dios. Sé abierto a tus propias luchas con esta idea. El hecho de que les digas esto de seguro causará una buena impresión en tus hijos.

Tercero, ora con tu familia (si esto no les parece incómodo). Pídele a Dios que los ayude a ver las cosas que se han estado perdiendo. Luego, lee en voz alta los versículos que hemos estado analizando (Jeremías 9.23-24). Pregúntales: «¿Qué piensan? Nosotros, como familia, ¿definimos el éxito más por la historia del mundo o por la historia de Dios?»

Aquí van, entonces, algunas preguntas que te ayudarán a guiar esta reunión familiar:

¿Está nuestra familia aprendiendo día a día a entender y conocer mejor a Dios?

¿Cuántas de nuestras conversaciones familiares se centran en nuestra adoración y en el amor de Dios?

Nuestros vecinos, ¿habrán notado que nuestra relación con Dios es lo más importante?

Nuestra familia, ¿se caracteriza y se conoce por la bondad?

Nuestra familia, ¿es generosa con otras personas?

¿Usamos palabras que muestran amor y cuidado hacia otros?

¿Servimos a las personas en nuestro vecindario?

¿Nuestro hogar es un lugar de hospitalidad en nuestra comunidad?

¿Somos conocidos como una familia que se preocupa por la justicia y hace lo correcto?

¿Servimos a aquellos a quienes otros ven como menos importantes?

¿Hacemos lo correcto sin importar el costo?

¿Somos vistos como confiables y honestos?

¿Somos conocidos por respetar a las autoridades?

A continuación, invita a tu familia a hacer una lluvia de ideas acerca de las formas en las que podrían crecer en cada una de estas áreas. Luego oren juntos y pidan a Dios que les ayude a hacerlo.

En Santiago 4.6 leemos: «Pero él nos da mayor ayuda con su gracia. Por eso dice la Escritura: "Dios se opone a los orgullosos, pero da gracia a los humildes."». Así es que sabemos que hay algo que puede aumentar el poder de la oración que hacemos juntos (para que el Señor nos ayude a ser la clase de familia que Él quiere que seamos). El secreto está en ser humildes. Orar es un acto de humildad. Y cuando le pedimos ayuda a Dios, desatamos la gracia de Dios sobre nuestras vidas.

Finalmente, haz un plan para implementar algunas de las nuevas ideas que surgieron de esta reunión familiar. Esto tal vez no sea fácil. Algunas cosas les resultarán inusuales, y hasta podrían hacer sentir incómoda a tu familia, especialmente al inicio.

Pero no te rindas. Encuentra aquello que funciona para ti. Encuentra aquello que se sienta natural para la mezcla de personalidades y para las distintas debilidades y fortalezas de tu familia. No necesitas forzar los cambios. No lo hagas, en especial si tienes hijos que se niegan a participar. Esto está bien. Incluso si ellos no se involucran, ellos sí se darán cuenta de que estas son cosas importantes para ti. Y les importarán más adelante.

Tú no quieres que tus hijos sirvan a Dios de manera falsa ni forzados. Recuerda, tú eres el embajador líder en tu hogar. Así es que debes continuar haciendo estas cosas, y permitirles a tus hijos la autonomía cognitiva necesaria para que ellos las hagan propias a su tiempo. Eso les permitirá unirse a los cambios y seguir la historia de Dios a medida que Él vaya trabajando en sus corazones y los vaya conduciendo a esa experiencia.

En los siguientes capítulos aprenderemos de forma más específica cómo podemos ayudar a nuestros hijos a convertirse en dignos embajadores de Cristo y demostrar sabiduría tomando buenas decisiones, evaluando el entretenimiento, y viviendo con esperanza hasta el final de la historia.

Antes de seguir con el próximo capítulo, hazte las siguientes preguntas:

1. Los cristianos de tu familia, ¿creen que ellos son diferentes de los no creyentes?

2. ¿Qué es lo que sucede dentro de las paredes de tu hogar (tu embajada en un lugar ajeno llamado Tierra) que lo hace diferente de lo que sucede afuera de él?

3. ¿En qué áreas podrías ayudar a tu familia a redefinir el éxito por medio de estándares que sean compatibles con la historia de Dios en lugar de estándares alineados con la historia del mundo?

CAPÍTULO SEIS

DEMOSTRANDO SABIDURÍA

6

En el corazón de la historia de Dios para universo se encuentra su Hijo, Jesús. Como padres podemos entender muy bien esto, ¿no es verdad? En muchas formas, el corazón de nuestras historias personales se relaciona con nuestros hijos. Ellos son el centro de nuestro tiempo y energía, y ciertamente de nuestros pensamientos y emociones. ¡Amamos a nuestros hijos!

Y, como vimos en los últimos dos capítulos, ese amor puede a veces conducirnos en distintas direcciones, tanto positivas como negativas. En un sentido positivo, puede motivarnos a ayudarlos a descubrir cómo navegar como personas de fe en la historia de Dios mientras viven en una cultura saturada de pecado. En un sentido negativo, podemos encerrar a nuestros hijos o rodearlos de leyes y prohibiciones dentro de una religión que no se parece en nada a una relación saludable con Jesús.

Ser exitosos espiritualmente es una cosa tremendamente difícil de lograr, incluso para nosotros mismos. Así que no es de asombrarse que preocupemos por las oportunidades de triunfar de nuestros hijos. En verdad, su única esperanza de lograrlo es navegar bajo la sabiduría de Dios. De eso se trata este capítulo: de cómo demostrar e impartir sabiduría a nuestros hijos para navegar por el mundo.

La sabiduría de Dios (la sabiduría de su Palabra) es realmente práctica. Nos ayuda a ver el mundo tal como es, no como quisiéramos que fuera. Pero es allí donde aparece nuestro otro instinto, el de mantener al mundo lejos, cerrar la puerta con llave, y cuidar que nuestros hijos no se acerquen a él.

Nos sentimos tristes y frustrados cuando miramos alrededor y vemos cómo el mundo ha deformado la creación de Dios, cómo el diseño de Dios ha sido abusado y destruido por el pecado humano. Y luego podemos enojarnos tanto o amargarnos o agotarnos de tal forma que solo queremos levantar una pared y mantenerlo todo fuera. Pero sabemos que eso no funciona.

¿Entonces que podemos hacer? Bueno, Jesús nos muestra otro camino. Dios envió al Hijo que tanto amaba, no solo a morir, sino a vivir en el corazón del mundo. Y Jesús caminó en el mundo brillando con una luz resplandeciente para llamar a las personas hacia su Padre. ¿Cómo lo hizo Jesús? ¿Cómo pueden hacerlo nuestros hijos?

Por un lado, Jesús vio la vida como Dios la ve: Él caminó por el mundo con sabiduría...

¿Jesús crecía en sabiduría?

Parece correcto que los padres quieran que sus hijos caminen de la forma en que Jesús caminó, y que crezcan como Jesús creció. Así es que veamos... ¿cómo creció? Hay en la Biblia un pasaje (un versículo, realmente) que nos dice todo lo que sabemos respecto a esa parte de la historia (la parte cuando Jesús estaba creciendo, antes de que Juan el bautista vertiera agua del Río Jordán sobre la cabeza de Jesús, y Dios hablara desde los cielos diciendo que amaba a Jesús).

Y aquí está ese versículo: «Jesús siguió creciendo en sabiduría y estatura, y cada vez más gozaba del favor de Dios y de toda la gente». (Lucas 2.52)

Cuando tomé en serio por primera vez este pasaje, ese versículo me desconcertó un poco. Es decir, entiendo la parte de la «estatura»: Jesús crecía físicamente. Y entiendo que Dios el Padre estaba complacido con Jesús. Y entiendo que Jesús crecía en favor con las personas: les caía bien. Jesús se conducía bien en situaciones sociales y vivía en paz y armonía con los demás. Estas partes tenían sentido para mí.

Pero la palabra «sabiduría» me resultaba misteriosa. Yo entendía el crecimiento espiritual como algo que tenía que ver con leer la Biblia, orar, ir a la iglesia, quizás diezmar, probablemente evangelizar... Pero, ¿cómo crece uno en sabiduría? Además, esta no era una cuestión tan central para el crecimiento que parecía importar en la iglesia. No estaba incluido en lo básico del discipulado, según mi experiencia.

Así que me atrajo la idea de entender más acerca de la sabiduría. Quiero decir, si Jesús crecía en sabiduría al ser niño, ¡entonces yo quería hacer eso también! ¡Y también quiero saber cómo ayudar a mis propios hijos a crecer en sabiduría!

Con el tiempo me di cuenta que crecer en sabiduría involucra ideas poderosas que nos pueden ayudar a caminar en la historia de Dios con más efectividad. De hecho, la sabiduría nos ayuda a vivir los momentos prácticos, cotidianos de nuestra vida desde una perspectiva espiritual.

Una de las primeras cosas a entender acerca de la sabiduría es de dónde proviene. Aquí tenemos la respuesta a esa pregunta: «El comienzo de la sabiduría es el temor del Señor; conocer al Santo es tener discernimiento». (Proverbios 9.10)

Así es que la primera cosa sorprendente acerca de la sabiduría es que comienza con temor. Estoy convencido de que si pudiéramos estar de pie en la presencia de Dios, sabríamos exactamente lo que eso significa. El poder de Dios es demasiado grande (y puede ser demasiado letal también) como para ser percibido por un ser humano con un sentimiento que no sea terror. Sí, estar allí sería aterrador.

Y estando allí parados, con el miedo más profundo que jamás hayamos experimentado, pienso que no haríamos nada (ni una sola cosa) que Dios no nos dijera específicamente que hiciéramos, porque tendríamos demasiado temor como para tomar cualquier iniciativa. El camino de Dios sería el único camino por el que estaríamos dispuestos a avanzar, o bien no nos moveríamos en absoluto.

Y este sería el inicio perfecto para ser una persona sabia.

La segunda parte del versículo de Proverbios dice que conocer a Dios, al Santo, es tener discernimiento. O, dicho de otra forma, tener entendimiento. ¿Recuerdas las conclusiones del Estudio Nacional de

Juventud y Religión acerca del crecimiento espiritual de los jóvenes? Uno de las tres cosas más significativas que los jóvenes necesitan, es tener entendimiento de qué son los límites y por qué existen. Y la clave para tener discernimiento en su forma más profunda y más significativa, es conocer a Dios.

Los eruditos hebreos nos dicen que *hokma*, la palabra para sabiduría, literalmente significa «habilidad» o «pericia». Es la misma palabra utilizada en Éxodo para describir a los magos que Faraón ordenó que replicaran los milagros de Moisés. Ellos tenían *hokma*, es decir, habilidad o pericia en hacer estas cosas. La palabra también es utilizada para describir a los artesanos que construyeron el tabernáculo.

Así que cuando leemos *hokma* en Proverbios y en otros pasajes de la Biblia que hablan sobre la sabiduría, para mí tiene mucho sentido definirla de esta manera: «La sabiduría es un entendimiento profundo y práctico de lo que Dios está haciendo en el mundo, de modo de poder caminar en su línea de la historia».

Si *hokma* realmente significa «habilidad» o «pericia», entonces cuando se aplica a nuestras vidas debería significar «habilidad para vivir la vida» o «pericia para la existencia diaria». En otras palabras, la sabiduría es la habilidad para vivir bien. Y si estamos viviendo bien (si estamos tomando buenas decisiones prácticas en cada área de nuestra vida), entonces estamos caminando en la línea de la historia de Dios.

Y eso parece muy lógico, ¿verdad? ¿Quién sabría mejor cómo funcionan los autos deportivos de alto rendimiento que los ingenieros que diseñaron y construyeron el auto? Si quieres saber cuál es la mejor forma de reparar, dar mantenimiento, u operar un auto deportivo de alto rendimiento, realmente deberías preguntarles a ellos. Después de todo, es su diseño, ¿cierto? De hecho, para ayudarnos, ellos han registrado los puntos más importantes que uno necesita conocer en el manual del usuario.

Entonces, ¿quién sabría mejor que nadie cómo funciona la vida que el Dios que la diseñó y la construyó a partir de la nada? Además de ser Dios (lo cual, ya de por sí, debería darnos un poco de temor), él es el Diseñador, Constructor, Sustentador, y Dador de la vida. Si quieres respuestas de verdad, el Autor de vida es la única y mejor fuente de cualquier tipo de sabiduría que estés buscando.

Encontrando sabiduría... y pasándola a otros

Nuestros hijos reciben sabiduría (sabiduría que perdura, sabiduría que cambia la manera de operar cada día, sabiduría que les brinda habilidades prácticas para vivir) principalmente de dos fuentes.

La primera forma en la que nuestros hijos adquieren sabiduría es por medio de la exposición directa a su medioambiente. Si un niño coloca su mano sobre una estufa caliente y se quema la mano, entonces es muy probable que no vuelva a hacerlo la próxima vez que esté cerca de la estufa. Aprendió algo.

Pero esta no es la mejor manera de aprender, ¿verdad? De hecho, si esa fuera la única forma de adquirir sabiduría, entonces el mundo estaría lleno de personas mutiladas, quemadas, lastimadas, y cicatrizadas. Eso es aprender sabiduría de la forma dura, y no queremos que nuestros hijos pasen su vida siendo enseñados principalmente por el Señor Dolor, ¿no es cierto?

La buena noticia es que existe otra forma mejor para que nuestros hijos adquieran sabiduría, y esa es a través de un mediador humano: alguien que actúe estando en el medio, como una interface entre su mundo interior y el mundo exterior.

Un ejemplo de esto podría ser un padre que toma de la mano a su hijo y la acerca a la estufa mientras le dice: «¡Quema! ¡Quema!». El padre podría luego acercar a su hijo a una vela encendida y tomar su mano, poniéndola cerca de la llama pero lo suficientemente lejos como para evitar que se queme, y decir nuevamente: «¡Quema!». Luego, el padre podría hacer lo mismo con un carbón encendido de la parrilla en el patio. Muy pronto, el niño tendrá un entendimiento bastante bueno de lo que significa «¡Quema!».

En este caso el mediador (el padre) ayudó al niño a ganar sabiduría por medio de una exposición casi directa al ambiente, pero dentro de un contexto controlado y (más) seguro.

Pero el resultado es aun mejor que ese. El niño ha aprendido no solamente la habilidad para la vida (sabiduría) de no tocar la estufa, ni velas, ni carbón encendido, pero también aprendió a tener cuidado con cualquier cosa caliente que brille con un color rojo. En el futuro, él estará alerta (sabiamente) a todas las cosas calientes y, más específicamente, a cosas rojas calientes.

Construyendo sobre esto, pronto podrá deducir que distintas cosas en el ambiente pueden compartir propiedades similares. Y así como ha visto diferentes tipos de cosas que podían estar calientes, comenzará a darse cuenta de que los distintos tipos de cosas pueden también ser duras o blandas o frías... O quizás hasta pueda llegar a pensar que la forma de acercarse a algo nuevo e inusual es con cuidado. Cuando comience a aplicar estas habilidades de vida al resto de su entorno, eventualmente se acercará a perros extraños y a otros objetos potencialmente nuevos y peligrosos con más cuidado... y todo porque alguien le mostró que la estufa y la vela y el carbón «¡Queman!»

Un resultado final tan positivo demuestra que la sabiduría transmitida de manera efectiva e intencional por un mediador humano (generalmente tú: el padre o la madre) resulta exponencialmente mejor que la sabiduría aprendida a solas por experiencias dolorosas con el entorno.

¿Estás captando la gran idea que te estoy queriendo compartir? ¡Como mediador humano de la sabiduría en la vida de tu hijo, tu papel es mucho más importante de lo que probablemente te hayas dado cuenta! Cada porción de sabiduría que puedas darle a tus hijos (sabiduría real, bíblica, basada en un entendimiento de Dios y de su mundo) tiene el potencial de multiplicarse cuando tu hijo la aplica a lo largo de todo el espectro de su entorno.

Ya lo has escuchado antes, pero es especialmente verdadero con relación a la sabiduría: Tú puedes marcar una gran diferencia en las vidas de tus hijos al ser, no solamente sabio, sino un transmisor intencional de esa sabiduría hacia tus hijos. No necesitas esperar a que se golpeen contra las paredes y se lastimen antes de mostrarles dónde está la puerta. Si tienes sabiduría para dar, ¡entonces compártela con tus hijos! Es un regalo que seguirá dando frutos a lo largo de todas sus vidas... si la reciben de ti.

Embajadores sabios

Si conectamos esto con el capítulo anterior en el que hablamos acerca de ser embajadores de Cristo y de hacer de nuestras casas embajadas de su Reino, encontramos otro elemento esencial en nuestro papel dentro de la historia de Dios: Los embajadores requieren mucha sabiduría para hacer bien su trabajo. Deben saber cómo vivir apropiadamente en países extranjeros, cómo vivir en consideración con las culturas de esas tierras sin ser innecesariamente ofensivos... Y también deben saber cómo representar la cultura de su reino de origen con honestidad y fidelidad. Tienen que hacer ambas cosas sin traicionar a su rey comprometiendo sus estándares mientras están viviendo en tierras extranjeras.

Todo esto requiere sabiduría y diplomacia. Requiere saber cómo negociar las cuestiones de la vida en su propio entorno, en el mundo alrededor. Queremos que nuestros hijos se conviertan en embajadores sabios de su hogar celestial al mismo tiempo que viven su vida cotidiana en el mundo y son parte de la cultura de su generación.

Ese tipo de sabiduría requiere entendimiento. Volvamos nuevamente al Estudio Nacional de Juventud y Religión. No se necesita tener sabiduría para mantenerse dentro de los límites o para simplemente seguir una lista de cosas que hacer y cosas que no hacer. Sin embargo, nuestros hijos necesitan mucha sabiduría para aplicar la verdad de la Biblia a las variadas situaciones que se les presentarán a lo largo de sus vidas. Es en esos momentos cuando resulta vital que nuestros hijos entiendan las razones que hay detrás de esos límites, de forma tal que puedan aplicar esas razones a sus contextos diarios en sus propios entornos.

¿Suena eso como si estuviéramos hablando de comprometer los valores? Porque no debería ser así. No estamos diciendo que la verdad o la obediencia a Dios dependan de los contextos. No estamos sugiriendo que la ética o la moralidad sean relativas a la situación. Lo que estamos diciendo es que a veces los hijos necesitan sabiduría para tomar las mejores decisiones, y no podemos proveerles con suficientes reglas para cubrir cada escenario posible. Pero, si en cambio, los ayudamos a entender los motivos detrás de las reglas, la sabiduría sobre la cual nuestras instrucciones están construidas, ellos serán capaces de hacer los ajustes necesarios para seguir aplicando esa sabiduría cuando el escenario cambie.

Aquí tienes un ejemplo ridículo. Les has dicho a tus hijos que no corran cerca de la piscina. Por supuesto, tu razón para decirles eso es porque quieres que estén a salvo. No quieres que se resbalen y caigan. Pero si tus hijos estuvieran siendo perseguidos por otro niño que intenta clavarles un cuchillo, entonces lo esperable sería que utilicen su sabiduría para razonar: «El peligro de un niño con un cuchillo es mayor que el peligro de la piscina. ¡Creo que debo correr!» ¿Verdad? No te gustaría que concluyeran: «La regla es no correr, así que seguiré la regla mientras me acuchillan».

La sabiduría no se trata de la conclusión. Se trata de la aplicación de la verdad en un entorno que va fluyendo. Por esta razón, tú puedes enseñarle a aplicar sabiduría solamente a una o dos personas a la vez. Puedes enseñarle a un grupo grande lo que la Biblia dice acerca de la sabiduría, pero no puedes darles a Luis y a Daniel, que tienen vidas diferentes, la misma aplicación de sabiduría para sus situaciones particulares.

Es por eso que tu paternidad es tan profundamente importante. Tú conoces la Palabra de Dios, y conoces a tus hijos. Puedes aplicar la verdad absoluta de Dios a sus circunstancias cambiantes de cada día... y también ayudarlos a descubrir cómo hacer esto mismo ellos solos, al tiempo que cumplen su misión de representar la cultura del cielo dentro de la cultura del mundo.

Por supuesto, eso significa que tú y yo debemos conocer la Palabra de Dios y crecer en sabiduría, así como Jesús lo hacía. De hecho, la forma más efectiva de enseñar sabiduría es demostrando sabiduría. No te preocupes si a veces no te sientes muy sabio. No es demasiado tarde. La sabiduría sigue estando disponible para ti por medio del estudio de la Palabra de Dios, pidiéndosela a Dios (mira Santiago 1.5), y también aprendiendo de los maestros sabios que Dios ponga en tu vida. No te rindas. Tus hijos realmente necesitan que les des una perspectiva sabia sobre la vida (aun si ellos no saben que lo necesitan).

Permíteme ponerlo de otra forma: Yoda no podría enseñarle a Luke cómo usar la fuerza si Yoda no supiera cómo usar la fuerza. El señor Miyagi no podría enseñarle a Daniel-san a dominar el karate si el señor Miyagi no supiera cómo usar el karate. Y nosotros no podemos enseñarles a nuestros hijos cómo caminar dentro de la historia de Dios con sabiduría bíblica si no tenemos primero nosotros esa sabiduría.

En el siguiente capítulo veremos las formas en las que podemos ayudar a nuestros hijos a aplicar la sabiduría de Dios a la habilidad específica de tomar buenas decisiones.

Antes de seguir con el próximo capítulo, hazte las siguientes preguntas:

1. Después de leer este capítulo, ¿cómo definirías la palabra «sabiduría»?

2. ¿Qué pasos activos has tomado para obtener sabiduría y tomar decisiones sabias en tu vida? ¿Qué otras formas de buscar y encontrar sabiduría podrías probar?

3. Después de leer este capítulo, ¿por qué dirías que estás calificado de manera única para pasarles sabiduría a tus hijos? ¿Por qué eres tú mejor para esta tarea que cualquier otra persona?

4. ¿En qué áreas de la vida esperas ver que tus hijos crezcan más en sabiduría?

CAPÍTULO SIETE

PASANDO PÁGINAS:
ENSEÑÁNDOLES A NUESTROS HIJOS A TOMAR DECISIONES

Una etapa significativa en el desarrollo de los niños es el momento en el que finalmente comprenden que nuestras decisiones tienen consecuencias y que somos responsables por cada una de esas consecuencias.

Los padres sobreprotectores muchas veces pueden retrasar esta experiencia en las vidas de sus hijos al tomar siempre las decisiones por ellos, o al rápidamente «arreglar» todas sus malas decisiones para que nunca tengan que sufrir los resultados negativos de esas decisiones.

Lo hacemos por amor, y como una reacción natural al temor que sentimos de que sufran en alguna manera. Pero también lo hacemos porque a veces nos cuesta mucho reconocer que nuestros hijos ya son capaces de hacer las cosas por sí mismos. Recuerda: ¡ellos crecen! Es inevitable. Y es bueno. Nosotros como padres tenemos la oportunidad de ayudarlos a crecer en sabiduría. Pero, ¿cómo podemos empezar a darles ahora las herramientas necesarias como para que puedan tomar mayores y mejores decisiones en el futuro, y que experimenten los mejores resultados posibles? ¿O no es acaso esto lo que nosotros deseamos para ellos?

Para esta altura del libro, ya debes poder adivinar que te diré que esto tiene mucho que ver con cómo modelamos nuestros propios procesos de toma de decisiones, el mundo real, frente a nuestros hijos. Por supuesto que ellos observan las decisiones que tomamos: desde qué ropa nos ponemos hasta qué tipo de automóvil compramos, o si les permitimos quedarse despiertos hasta tarde o no. Pero, ¿qué tan seguido les permitimos que vean el proceso que usamos para llegar a esas decisiones?

A lo mejor tú y yo ni nos damos cuenta de todos los factores que entran en juego en las decisiones que tomamos cada día. Solo sabemos que es tiempo de tomar la siguiente, y luego otra, y otra. Pero si prestamos atención, notaremos que en general seguimos cierto tipo de proceso, y podemos aprender a verbalizarlo. Por el bien de nuestros hijos, vale la pena el esfuerzo.

Por ejemplo, imagínate este intercambio:

— «Mamá, ¿puedo ir a la casa de Sara y quedarme a dormir ahí?»

— «No»

— «¿Por qué no?»

— «Porque yo lo digo. Y por favor ten una buena actitud acerca de esto».

Por supuesto, esta madre está ubicada dentro de lo que es ser un buen padre de familia al simplemente establecer la ley y dejar que la hija trabaje en la cuestión de la sumisión (lo cual viene con ser una persona bajo la autoridad de alguien más) y que pueda procesar por su cuenta cómo manejar la decepción con una buena actitud. Algunas veces, este tipo de respuesta es aceptable. Sin embargo, la madre del ejemplo se está desaprovechando el potencial de aprendizaje que hay en esta situación, es decir la oportunidad de enseñarle a su hija cómo arribó a su decisión. Debemos tomarnos el tiempo y el esfuerzo necesario para hacer esto, no solo para que entiendan que nos somos unos aguafiestas sin corazón que pretendemos destruir su vida social, sino (principalmente) para que puedan comprender cómo llegamos de la A a la B, y de la B a la C. Y dado que se trata de una decisión que los impacta directamente y que está en juego algo que ellos quieren, pondrán mucha más atención a nuestras explicaciones sobre cómo tomamos una decisión que si intentáramos explicárselos en otro contexto.

Así que la conversación podría haber sido así:

— «Mamá, ¿puedo ir a la casa de Sara y quedarme a dormir ahí?»

— «No»

— «¿Por qué no?»

— «Mira, yo sé que tú lo pasas bien cuando estás con Sara, y sé que ya eres lo suficientemente grande para quedarte a dormir en casa de tus amigas. Usualmente te permitiría ir. Sin embargo, lo que recuerdo de las últimas pijamadas es que luego regresas a casa muy cansada por que no duermen mucho. Y por otra parte, he observado que te estás contagiando la gripe de tu hermano. Pasado mañana debemos salir temprano por la mañana para ir de visita a casa de tu abuela por el fin de semana. Y realmente no quiero que te enfermes o que estés demasiado cansada como para disfrutar el tiempo con tus primos».

Es muy probable que a tu hija igual no le guste tu decisión. Y siendo su «autoridad», realmente no necesitabas darle toda una explicación. Pero la diferencia con el primer ejemplo es que aquí le modelaste la habilidad de pensar de antemano, le enseñaste a conectar eventos y sus consecuencias, y a realizar juicios de valor sobre un evento y el otro.

Decisiones de cada día

Durante la vida de nuestros hijos, ellos tomarán miles (¡millares!) de decisiones. Esas decisiones vendrán en todas formas y tamaños, y requerirán de una variedad de estrategias. Nuestra esperanza como Padres Extraordinarios es poder darles algunas herramientas en relación a cómo tomar decisiones hoy (que los riesgos son menores y estamos aquí para darles el apoyo), antes de que lleguen al punto en sus vidas donde el reloj no para y están decidiendo si cortan el cable azul o el rojo para salvar al mundo de una bomba termonuclear.

Bueno, lo más probable es que nunca necesiten decidir cuál cable cortar para frenar una bomba, pero muchas de sus decisiones sí tendrán consecuencias a largo plazo. Algunas de las decisiones que tus abuelos tomaron todavía están impactando tu vida hoy. Todos tomamos decisiones que nos cambian la vida, como con quién nos casamos, dónde estudiamos, qué carrera seguimos, cómo respondemos a la tentación... y eso sin mencionar las decisiones que tomamos en acuerdo con la gran historia de Dios (la REALIDAD con mayúsculas) y aquellas otras que tomamos sin tener a Dios en cuenta.

Como mencionaba unos párrafos antes, una de las grandes verdades que queremos modelar y reforzar en nuestros hijos es que ellos son responsables de sus propias decisiones, y que sus decisiones tienen consecuencias. Aun aquellas que no consideramos como «decisiones», son exactamente eso.

Aquí tienes como ejemplo un proceso de decisión muy común (y, esperemos, inconsciente) que es casi universal entre los niños pequeños: «¿Qué hago? ¿Voy a cenar inmediatamente cuando mi papá me llama? ¿Cuáles son mis opciones y sus consecuencias? Si voy de inmediato, no habrá ningún problema. Si espero cinco minutos, me volverá a llamar, y si voy entonces, no habrá ningún problema. Si espero 10 minutos, no estará feliz pero no me castigará. Si espero 15 minutos, obtendré dos cosas: el sermón y algún tipo de castigo. ¡Escojo esperar 10 minutos!»

Lo cierto es que hemos estado enseñándoles a nuestros hijos a tomar decisiones por sí mismos desde que empezamos a pedirles que hagan cosas con diferentes consecuencias como respuesta a sus acciones. Varios de nosotros hemos adoptado una forma de paternidad mucho más intencionada, y empleamos con nuestros hijos un lenguaje en el que explicitamos las decisiones y consecuencias desde una temprana edad. Lo que deseamos es que nuestros hijos comiencen desde muy pequeños a entender que con nosotros sus decisiones los llevan a consecuencias muy específicas. Incluso podemos enseñarles que simplemente estamos imitando como Dios trabaja en su historia del universo. Así como lo hacemos con nuestros hijos, Dios también ama a sus hijos, espera y les pide que lo obedezcan en cada área de su vida. Y cuando sus hijos no lo hacemos, cuando deliberadamente desobedecemos a Dios, él nos disciplina. (Puedes leer sobre esto en Hebreos 12.)

Esa disciplina es la corrección amorosa (y dolorosa) de un Padre. Debemos tener cuidado en diferenciar la disciplina con el castigo por nuestros pecados. Como seguidores de Jesús, nuestros pecados ya han sido pagados y perdonados. La disciplina de Dios para sus hijos no es un castigo. Tiene la intención de proveer una consecuencia lo suficientemente dolorosa como para regresarnos a sus brazos y al camino que Él ha escogido para nosotros.

También debemos recordarles a nuestros hijos que Dios ha diseñado el universo para que trabaje de acuerdo con estándares específicos, y que por esto hay también consecuencias naturales para nuestras decisiones. (¿Recuerdas la definición de sabiduría?) Si decidiéramos saltar de un avión sin in paracaídas, la caída y la muerte no serían el castigo de Dios por nuestras malas decisiones. Serían simplemente la consecuencia de ignorar que el diseño de Dios incluye la fuerza de gravedad, y que las personas tienen mayor densidad que el aire.

Si decidiéramos saltar con un paracaídas, y haláramos de la cuerda en el momento preciso, la consecuencia de flotar seguros hasta el suelo también estaría en la línea del diseño de Dios para el universo, en relación con las leyes de la física.

Honestamente, la mayoría de nosotros (incluidos nuestros hijos) entendemos ese concepto de sufrir consecuencias por tomar malas decisiones morales... Incluso si muchos de nosotros seguimos probando los límites como si necesitáramos convencernos.

Las decisiones más difíciles, las que a veces nos pueden paralizar (o a nuestros hijos), son aquellas en las que se nos presentan dos opciones morales que son aparentemente iguales. En otras palabras, ¿cuál es la «mejor» decisión? ¿Cuál es la mejor de entre estas dos opciones? O, ¿cuál es la voluntad de Dios para mi vida? Es por esto que hemos incluido aquí cinco principios básicos de sabiduría que pueden ayudarte a ti y a tus hijos tomar éste tipo de decisiones.

Enseñarles a tus hijos a implementar estos pasos cuando deban tomar una decisión ahora, les ayudará a sentirse más confiados cuando en los próximos años deban tomar decisiones con consecuencias más trascendentes.

Cinco pasos para tomar buenas decisiones

1. ¡TÓMATE TU TIEMPO!

El mayor enemigo de las buenas decisiones es frecuentemente (no siempre, pero casi siempre) nuestra impulsividad. Todo buen vendedor sabe que si un cliente le dice: «Deme un día para pensarlo», lo más probable es que no regrese al día siguiente para gastar su dinero en ese artículo. El tiempo en general trae más sabiduría.

Proverbios 19.2 dice: *«El afán sin conocimiento no vale nada; mucho yerra quien mucho corre»*.

Pero, ¿por qué algunas veces tomamos decisiones apresuradamente? Hay varias razones posibles. En ocasiones nos decidimos instantáneamente por la respuesta que nos parece más obvia a primera vista. Muchas veces esas decisiones instintivas son las correctas, pero no siempre.

Otras veces decidimos rápidamente porque sabemos que si nos tomamos tiempo para pensarlo, nos convenceremos a nosotros mismos de no hacerlo. En estos casos haríamos bien en tomarnos el tiempo necesario para pensar las cosas bien.

Algunas veces sabemos que algo está mal pero igualmente lo queremos hacer. Esto es simplemente pura estupidez. Proverbios lo describe como «apresurase para hacer el mal», y es la razón exacta que necesitamos distinguir para presionar el botón de pausa hasta que se nos haya pasado el impulso. Hasta que tengamos claridad de pensamiento.

Otra de las razones por las que apresuramos nuestras decisiones es porque esto nos da una sensación de productividad, como si estuviéramos logrando algo. Vivir con una decisión sin resolver crea un poco de tensión. Puede hacernos sentir incomodos. Pero necesitamos lograr que nuestros hijos se sientan cómodos con esa incomodidad, al menos durante el tiempo suficiente como para poder tomar una buena decisión.

Cuando hables con tus hijos sobre cómo tomar buenas decisiones, sin importar si se trata de tu decisión o la de ellos, demuéstrales que hay que tener paciencia para esperar y pensar antes de halar el gatillo.

2. RECOPILA INFORMACIÓN

Vivimos en la era de la información. Nunca antes habíamos tenido acceso inmediato a tantos datos, números, precios, comentarios, opiniones y estadísticas. Tenemos muy pocas escusas para no saber todo lo necesario antes de tomar la mejor decisión.

Muchos de ustedes seguramente habrán tenido alguna experiencia similar a esta: Un amigo mío andaba necesitando comprarse un televisor nuevo. Cierto día, mientras compraba otras cosas en una gran tienda, vio que allí tenían una gran oferta para comprar determinado televisor, e inmediatamente aprovechó la oferta y lo compró.

Mientras manejaba de regreso a su casa comenzó a dudar su impulso, y deseó haber esperado un poco más para pensarlo más tranquilo. (¡Lee el paso 1!) No obstante, decidió que no era demasiado tarde como para recabar información. Cuando llegó a casa, y antes de sacar el televisor de su automóvil, saltó a la silla frente a su computadora y buscó los comentarios de otros compradores sobre este modelo de televisor. Más de la mitad describían que el televisor se apagaba solo después de un mes de usarlo, y contaban sus tristes historias acerca de cómo trataron de repararla. ¡Con razón estaba en tan grande oferta!

Mi amigo de inmediato manejó de regreso a la tienda para devolver el televisor y recuperar su dinero. Y afortunadamente logró hacerlo. Pero aprendió su lección sobre las grandes ofertas y las compras apresuradas.

Proverbios 18.17 dice: «El primero en presentar su caso parece inocente, hasta que llega la otra parte y lo refuta».

Si solo escuchamos una perspectiva, o solamente un lado de la historia, entonces no tenemos suficiente información como para tomar una buena decisión. Algunas veces, la decisión que debemos tomar requiere conversar y escuchar a otras personas, y no simplemente leer comentarios en internet. En Proverbios se nos anima reiteradas veces a que busquemos el consejo sabio de personas que saben de lo que están hablando.

Una de las formas en que podemos ayudar a nuestros hijos a desafiar su propio proceso de toma de decisiones cuando estén considerando comprar algo, practicar un deporte nuevo, o salir con alguien en una cita, es preguntarles qué información recabaron al respecto. ¿Habrá más información que necesiten obtener sobre el artículo que desean comprar? ¿Habrá alguien con quien puedan hablar para escuchar su opinión sobre el entrenador o sobre su experiencia en ese equipo en particular? ¿La persona con la que quieren salir tiene algún amigo o amiga con la cual puedan hablar para conocerla mejor antes de acordar una cita?

Recopilar la suficiente información antes de tomar una decisión es un hábito muy útil para el mundo real, y todos podemos acostumbrarnos a hacerlo. En especial nuestros hijos, si nosotros les enseñamos.

3. CUESTIONA TUS MOTIVACIONES

Todos lo sabemos. Una de las principales causas de que tomar decisiones sea una tarea complicada es el hecho de que nuestras razones para preferir una opción por sobre otra a veces son... bueno, digamos que son poco claras.

¿Recuerdas cuando el rey David le dijo al Señor «Yo sé que tu amas la verdad en lo íntimo» (Salmos 51.6)? Esto es más difícil de lo que parece. Tú y tus hijos son muy buenos en convencerse de algo, mientras ocultan la verdad de lo que realmente quieren. (Yo sé de lo que estoy hablando porque yo también lo hago).

Considera a una joven de secundaria que ha estado planeando estudiar en una universidad en particular desde hace mucho tiempo. Es una buena universidad. Ella ha realizado toda su investigación. Ha explorado las opciones para obtener ayuda financiera. Y esta universidad tiene una escuela de arte, que es lo que a ella le ha interesado desde que era pequeña.

Luego un día de repente anuncia que está considerando la posibilidad de asistir a otra universidad. Está más cerca de casa, pero no ofrece la carrera de arte en la que ella estaba interesada. Como madre estás desconcertada, hasta que pronto te enteras de que el chico con el que ha estado saliendo (desde hace un mes) irá a esa universidad el año que viene. Mientras ella te recita la lista de motivos por los cuales esta universidad es maravillosa (y aunque en algunos aspectos tal vez sí sea mejor que la primera universidad), tú sabes que su verdadera motivación es estar cerca de este chico. Tal vez ella no esté intentando mentirte o engañarte, sino que está genuinamente convencida de esto (porque en el fondo se ha mentido y engañado a sí misma...).

¿El decirnos (o decirle a otros) la verdad sobre nuestras motivaciones hace que tomar nuestras decisiones resulte más fácil? No necesariamente. Pero al menos estaremos teniendo conversaciones honestas.

Ayuda a tu hijo a que aprenda a decir en voz alta por qué razones le gustan las opciones que tiene frente a él. Aun en las pequeñas cosas, trata de inculcarle este hábito: «¿Qué crees que es lo que te gusta sobre nadar? ¿Por qué crees que sería un buen plan ir a ver una película este sábado?» O, más adelante en su vida: «¿Por qué crees que sería bueno de ser parte del equipo de futbol de la escuela? ¿Por qué piensas que sería bueno tener un trabajo de medio tiempo mientras estudias en la universidad?» Enunciar los beneficios de cada opción en voz alta puede traer luz sobre motivaciones escondidas que ni siquiera él sabía que estaban ahí.

Por supuesto, si al decirnos la verdad sobre nuestras motivaciones descubrimos que lo que realmente nos motiva es pecado o linda con el pecado, entonces este descubrimiento debe ayudarnos a desechar esa opción... O por lo menos a tomar conciencia de que estamos tomando una decisión entre servir a nuestra carne y servir a Dios.

4. OBTÉN AYUDA DE DIOS

Proverbios 21.30 dice: «De nada sirven ante el Señor la sabiduría, la inteligencia y el consejo».

¿Te ven tus hijos acudir a Dios para pedirle ayuda ante las decisiones grandes y pequeñas en tu vida? ¿Te ven pidiéndole a Dios sabiduría, aquella sabiduría que Él promete darnos gratuitamente si se la pedimos (Santiago 1.5)? ¿Te ven buscando guía o ayuda en la Palabra de Dios para tomar las decisiones difíciles, o hacer cambios en tus decisiones basándote en las enseñanzas bíblicas?

Este es el punto número 4, pero eso no quiere decir que sea menos importante que los anteriores para enseñárselo a nuestros hijos. Es más, muchas de nuestras decisiones se hacen más fáciles cuando estamos dispuestos a someter nuestro tiempo (punto 1), conocimientos (punto 2) y motivaciones (punto 3) a la voluntad de Dios expresada en la Biblia.

Por ello, algunas preguntas nos deberían surgir naturalmente a la hora de tomar decisiones:

¿Va alguna de mis opciones en contra de las instrucciones bíblicas? ¿Me haría alguna de las opciones desobedecer a mis padres, o decir una mentira? ¿O ir en contra de alguna de mis convicciones bíblicas? Si es así, la decisión ya debería estar hecha.

¿Estoy haciendo esto solamente para evitarme un trabajo duro, o para evadir un compromiso previo, o una responsabilidad que tomé con otra persona? Entonces, seriamente debería cuestionarme antes de decir que sí a esta opción.

Al hacer esto, ¿podré continuar amando a Dios con todo mi corazón, alma, mente y cuerpo, y también amando a otros como a mí mismo? ¿Podré honrar a Cristo y servirle como su embajador si tomo esta decisión? Si la respuesta es no, esto debería ayudar a eliminar esta opción también.

Ayuda a tus hijos a que vean cómo tú usas la Palabra de Dios para eliminar algunas opciones y para descubrir otras nuevas. Y permite que vean también cómo le pides ayuda a Dios para tomar la mejor decisión posible.

5. SOMETE TU DECISIÓN AL SEÑOR, ¡Y ESCOGE DE UNA VEZ!

Hay toda una gama de personalidades, que va desde aquellos de nosotros que decidimos todo impulsivamente (y frecuentemente resultamos perjudicados por nuestro apuro), hasta aquellos de nosotros que solemos posponer las decisiones por mucho tiempo (también para nuestro propio perjuicio). Debemos intentar ayudar a nuestros hijos a encontrar un equilibrio dentro de esa línea, de modo que se tomen el tiempo necesario para medir y sopesar las diferentes opciones, pero que no se queden estancados en el miedo paralizador de cometer un error.

Proverbios 16.3 nos da una promesa: «Pon en manos del Señor todas tus obras, y tus proyectos se cumplirán». Esté versículo normalmente se menciona cuando las personas tienen que tomar decisiones difíciles, pero yo no creo que sea una especie de fórmula mágica para forzar a Dios de modo que haga que todos mis planes funcionen exactamente como los tengo diseñados en mi cabeza. De lo que sí estoy convencido es que Dios nunca fallará.

Así es. Dios no fallará. Si mis planes son los de Dios (y si estoy dispuesto a que sean cambiados, alterados, mejorados y remodelados por Dios... entonces esos planes tendrán éxito. Después de todo, le has entregado tus planes a Dios, ¿verdad? Sinceramente no creo que esto sea hacer trampa y hacer que el versículo diga algo que no está diciendo. Lo que quiero decir es que este versículo me da la libertad de tomar decisiones sin el temor de que de alguna forma arruinaré el universo. Dios es mucho más grande que cualquier decisión que yo tome entre dos opciones aparentemente igual de buenas.

No he leído aún el libro escrito por Kevin DeYoung, pero me encanta el título. Está escrito en inglés, pero te lo traduzco. El título es: «Simplemente haz algo: Un enfoque liberador sobre cómo encontrar la voluntad de Dios o cómo tomar decisiones sin sueños, visiones, vellón, impresiones, puertas abiertas, versículos tomados al azar, números de lotería, escrituras en el cielo, etc.»[1] ¡Hay una gran lección solamente en el título!

Como padres, deberíamos estar especialmente preocupados por enseñarles a nuestros hijos a tomar en serio la toma de decisiones, porque las decisiones realmente tienen consecuencias serias. Pero también debemos modelarles la confianza que tenemos en Dios, y en que Él que es lo suficientemente grande como para usar nuestras bien pensadas, obedientes, y honestas decisiones para Su gloria. No les mostremos a nuestros hijos temor a fallar, sino más bien cómo tener libertad para tomar las mejores decisiones que podamos, y seguir adelante.

Pablo lo escribe de esta forma en Colosenses 3.17: «Y todo lo que hagan, de palabra o de obra, háganlo en el nombre del Señor Jesús, dando gracias a Dios el Padre por medio de él».

Una vez que te hayas tomado un tiempo razonable, que hayas obtenido la información necesaria, que hayas cuestionado tus motivaciones, que le hayas pedido a Dios sabiduría, y que hayas evaluado tus opciones a la luz de la historia de Dios revelada en la Biblia... ¡adelante!

Ayuda a tus hijos a avanzar confiadamente, y también a estar preparados para los resultados, sabiendo que no siempre serán los que esperamos. Como veremos en el siguiente capítulo, las mejores decisiones vienen después de las peores. No podemos tener temor de ver a nuestros hijos fallar algunas veces, porque esta es una parte esencial de crecer como personas y de crecer en sabiduría. La clave está en ayudarlos a fallar con éxito.

---

1 *"Just Do Something: A Liberating Approach to Finding God's Will or How to Make a Decision without Dreams, Visions, Fleeces, Impressions, Open Doors, Random Bible Verses, Casting Lots, Liver Shivers, Writing in the Sky, Etc."*, por Kevin DeYoung, Moody Publishers.

Antes de seguir con el próximo capítulo, hazte las siguientes preguntas:

1. Después de leer este capítulo, ¿cuál de los cinco aspectos de to-mar buenas decisiones crees que necesitas practicar más? ¿Cómo podrías practicar específicamente ese aspecto de tomar decisiones la próxima vez que te enfrentes a una decisión?

2. ¿Qué tan abierto eres con tus hijos respecto de tus propios proce-sos de toma de decisiones? ¿Se dan ellos cuenta de que a veces luchas con decisiones difíciles? ¿Tienen ellos la oportunidad de escuchar o entender los razonamientos detrás de las decisiones que tomas?

CAPÍTULO OCHO

FALLANDO EN LA LÍNEA DE LA HISTORIA DE DIOS

8

A nuestra familia le encanta ver las rondas finales del National Geographic Bee cada año. No solamente es educativo, ¡es altamente dramático!

Si tú sigues esta competencia, ¿has notado durante la última década, o tal vez durante las dos últimas, cuántos de los ganadores han sido estudiantes de escuela en casa? Esta no es una coincidencia. Como mencioné en uno de los capítulos anteriores, mis hijos asisten a una grandiosa escuela pública, y yo creo que cada opción educativa es válida si los padres están comprometidos y sus motivaciones son las correctas. Y reconozco que los padres que tienen el tiempo, las habilidades, y que están seriamente interesados en enfocarse en la educación de sus hijos en el hogar, a menudo son exitosos en producir estudiantes brillantes, enfocados y altamente productivos.

El ganador del primer National Geographic Bee (llamado así en 1989) fue un estudiante de octavo grado llamado Jack Staddon, que fue educado en una Escuela Adventista del Séptimo día, en Kansas. Tal vez sea por eso que me encanta lo que él dijo después de ganar la competencia por haber definido correctamente la palabra *altiplano* (lo cual, como sabemos, es la planicie en medio del área montañosa ubicada a 10.000 pies de altura en el centro de los Andes). Jack dijo: «Es bueno ganar, pero incluso si hubiera perdido, agradecería al Señor. El perder nos ayuda a practicar para cuando fallamos».

Supongo que es fácil para un ganador decir eso, pero la respuesta de Jack mostró la enorme sabiduría que tenía este estudiante de alto desempeño. (Nota: Recientemente he tenido comunicación con él, y Jack aún piensa y siente de la misma manera.) Tú puedes darles fácilmente a tus hijos esa clase de sabiduría si estás dispuesto a ayudarlos a fallar productivamente.

Sí, leíste bien. Escribí eso: FALLAR PRODUCTIVAMENTE. Déjame explicarlo.

Hace varios años, un grupo de escuela en casa de nuestra zona me pidió que hablara a sus hijos acerca de enfrentar los temores que los acechan. Cuando me llamó la persona que me contactó, ella me dijo que la mayoría de los chicos en el grupo estaban preparándose para la universidad, y que estaban enfrentando diferentes temores en relación a ello. Cuando esta mujer (la madre de uno de los estudiantes) me preguntó que cómo aprendí a vencer mis miedos, yo le dije que era sencillo: crecí en una escuela pública. ¡Ella no creyó que esto fuera gracioso! Pero le expliqué que mis padres me ayudaron a fallar productivamente, y que yo podría compartir ahora esa idea con sus hijos.

¡Creo que ese fue un excelente tema para tratar con este grupo de estudiantes tan enfocados! Una cosa muy cierta acerca de cualquier estudiante brillante es que cada tema o aspecto de la vida puede convertirse en una cuestión de alcanzar la perfección. Estoy empleando esta palabra intencionalmente. En nuestra sociedad moderna, los estudiantes inteligentes y talentosos pueden elegir de entre una amplia gama de materias académicas, deportes, y actividades extra-curriculares. Y esto funciona bien si ellos están enfocados en aquello para lo que son buenos. Pero a medida que se van acercando a la graduación de secundaria y comienzan a pensar en obtener becas para asistir a las mejores universidades, aumenta la presión por llenar sus curriculums con detalles acerca de su brillante éxito, de modo de poder competir con todos aquellos otros chicos inteligentes, talentosos, y enfocados que también desean asistir a esas universidades.

Como padres, maestros, y líderes juveniles, muchas veces nos sumamos (sin quererlo) al estresante mensaje que dice: «¡No falles!». Se los decimos a nuestros hijos de muchas y variadas maneras. No lo arruines. Tu futuro entero está en riesgo. No desperdicies tu tiempo en cualquier cosa solo porque te apasiona. Enfócate únicamente en aquello en lo que puedes ser sobresaliente, ¡y sé el mejor en eso! No tienes tiempo para equivocarte. ¡Sé exitoso!

También podemos enviar un mensaje similar como iglesia (a menudo con menor sutileza) cuando definimos éxito para los cristianos como tener profundo conocimiento de la Biblia, desarrollar actividades en la iglesia, y poder pasar sin problemas por el "radar detector de pecado", siendo al mismo tiempo exitosos a nivel académico, atlético, o en alguna otra área.

Puedo decirte lo siguiente luego de haber leído muchas estadísticas y haber hablado con muchos jóvenes y líderes juveniles: *Nuestros chicos están muy estresados por todo este tema del éxito y del fracaso.*

Y aún nos falta mencionar aquí la máxima presión que ellos enfrentan: el vivir tratando de llenar las expectativas de sus pares y de la cultura. Imagen. Ropa. Presencia en las redes sociales. El gusto por la exclusividad personal (juzgando a otros por la música, películas, actores y accesorios de moda que preferimos). Incluso en ese nivel, el mensaje es el mismo de siempre: «Si no puedes tener éxito, trata de pasar desapercibido. No seas un fracasado. No seas el hazmerreir». Los adolescentes de hoy sienten (y piensan) que no pueden fallar. Pareciera que las consecuencias son un precio demasiado alto que pagar.

Ahora bien, estos estándares tan altos que no dejan lugar para fallar generan un gran problema, ¡porque el fracaso es esencial para el éxito en cada área de la vida! Tú no puedes ser grande en nada si no has experimentado el fracaso en alguna medida. Pero a pesar de toda la evidencia que nos rodea, esta afirmación nos suena falsa porque tantas veces hemos oído lo contrario.

Posiblemente hayas escuchado las historias acerca de cómo Thomas Edison fracasó repetidamente antes, durante y después de crear todos esos inventos suyos que cambiaron el mundo. Él invirtió décadas y fortunas en ideas que nunca lograron despegar, pero todo esto lo ayudó a poder crear las cosas que hoy todos conocemos y utilizamos.

Nosotros lo sabemos. Sin embargo, como padres muchas veces entramos en pánico cuando nos parece que nuestros hijos están fallando. Nuestro instinto natural es «protegerlos» para que no fallen en nada (estudios, deportes, relaciones... ni siquiera en las expectativas que tengan de ellos sus amigos cristianos).

Tomémonos un minuto para examinar qué hay detrás de nuestro miedo al fracaso, y luego hablaremos sobre cómo ayudar a nuestros hijos a fallar exitosamente.

¿A qué le tememos?

Cuando hablo de aprender a fallar «exitosamente» o «productivamente», no quiero ser simplista. ¡Sé que el fracaso duele! Casi siempre representa una pérdida en algún nivel. Y a menudo es costoso en términos de tiempo, dinero, energía o concentración. El fracaso no es la meta.

Pero al mismo tiempo que no debemos minimizar el dolor de fallar, debemos aliviar a nuestros hijos del miedo a fallar. El miedo nos paraliza en el momento exacto en el que una acción nos llama. El miedo nos hace lentos cuando es momento de ir más rápido, o viceversa. El miedo también pone en evidencia que hemos disminuido nuestra fe en la absoluta fortaleza, amor y bondad de Dios, y hemos puesto nuestra esperanza en otro lugar.

Entonces, ¿a qué es a lo que realmente le tenemos miedo cuando le tememos al fracaso? Se me ocurren tres cosas:

1. TENEMOS MIEDO DE CONFIRMAR NUESTRA PROPIA INSIGNIFICANCIA

Muchos de nosotros preparamos a nuestros hijos para que sientan este tipo de temor, de la misma manera en que nuestros padres lo hicieron con nosotros. En nuestros años de crecimiento, recibimos afirmación cuando tenemos éxito en algo. Y se nos felicita en voz más alta aun si tenemos éxito en algo grande. Con cada vez que sucede esto, vamos construyendo un mensaje interno que dice: «Yo valgo porque soy exitoso».

Esto tiene sentido, ¿verdad? Después de todo, ¿por qué no habríamos de alabar a nuestros hijos cuando obtienen excelentes calificaciones, o cuando el equipo en el que juegan sale campeón, o incluso cuando logran permanecer quietos durante todo un culto entero en la iglesia? Aun cuando nos esforzamos por trasmitirles la verdad de que nosotros los amamos incondicionalmente, muchas veces (sin darnos cuenta) nos hacemos eco del mundo que les dice: «Lo que te hace importante son tus victorias».

Para ciertas personalidades, especialmente, esto puede dar origen al miedo que dice: «Si dejo de ser exitoso, seré una persona insignificante. El fracaso será la prueba definitiva de que en realidad, en el fondo, soy un inútil».

Entonces, ¿cómo podemos ayudar a nuestros hijos (y a nosotros mismos) con este tema? (Además de permitiéndoles fallar productivamente, como veremos más adelante en este capítulo). Creo que debemos transmitirles (y a nosotros mismos) dos grandes mensajes... ¡y hacerlo con frecuencia!

Uno: No importa qué éxitos hayamos tenido, ninguno de nosotros vale nada por sí mismo sin Dios.

Dos: No importa cuán exitosos lleguemos a ser, esto no nos hace más importantes para Dios.

Este temor a que se compruebe que no tenemos valor, es en realidad orgullo disfrazado. Creemos que hemos alcanzado una especie de estatus de «persona digna», lo cual significa que podemos perderlo también. El mensaje del evangelio, sin embargo, nos dice que no podemos obtener ningún estatus por nuestros propios méritos delante de Dios. Somos muy débiles sin Dios. De hecho, somos enemigos de Dios, condenados a destrucción, si no estamos en Él. Pero nuestra dignidad ha sido establecida por el precio que Dios pagó por nosotros: la vida de su Hijo unigénito.

Esto es doctrina. Pero los niños captan las actitudes alrededor de ellos. Tu actitud hacia ellos en sus victorias y fracasos les dirá si tú realmente crees que su valor es interno... o si está basado en sus éxitos como jugador de futbol, o como estudiante de matemática, o en cómo se comporta en la iglesia. Ellos también notan si estamos utilizando, o no, medidas externas de éxito para apoyar nuestra propia idea de lo valiosos que somos nosotros.

2. TENEMOS MIEDO DE VERNOS TONTOS ANTE LOS DEMÁS

En ocasiones notarás que tus hijos están tomando decisiones por temor a fracasar, adoptando los comportamientos que las personas a su alrededor quisieran que adopten, y basándose en las opiniones que otros tienen de ellos.

En casa o con sus amigos cercanos, la mayoría de los chicos serán como realmente son (muy ruidosos y alocados, tranquilos y enfocados... o un poco de ambos). Pero cuando aparece en escena una personalidad nueva y deseable, entonces notarás un cambio. Los chicos corren el riesgo de empezar a mostrarse y a actuar para el recién llegado, esperando conseguir atención y ganar su aprobación. Los chicos que tienen temor a fallar (a ser rechazados) se quedarán casi inertes, sin hacer ni decir nada para no correr el riesgo de que algo los haga quedar como tontos.

Esto suena obvio, pero lo cierto es que el temor a parecer tontos con nuestros errores puede herir muy profundamente a aquellos adolescentes que son especialmente inseguros, sobre todo a medida que van cambiando su deseo de ser aceptados por ti, por el deseo de ser aceptados por sus pares.

Los adultos hacemos lo mismo, pero de maneras más sutiles. Estoy convencido de que esta es la razón por la que la mayoría de los hombres que son muy confiados y seguros en otras cosas en su vida personal, sienten temor de moverse con seguridad en la iglesia. Ellos temen decir o hacer algo «incorrecto», algo que demuestre que no conocen bien los códigos o reglas de ser un cristiano. No quieren verse como tontos al intentar orar en voz alta o hablar sobre una Biblia que recién están empezando a conocer.

3. TENEMOS MIEDO DE DESPERDICIAR NUESTRO TIEMPO

El fracaso puede ser costoso. En términos de compañías de negocios, pueden gastarse millones de dólares cuando se intentan nuevas estrategias. Al final del año, el costo del fracaso será cuantificado en dólares, y junto a esas cifras estarán los nombres de aquellos que se arriesgaron intentándolo. ¡No debe sorprendernos que tengamos miedo!

Pero lo cierto es que en cualquier entorno, fallar cuesta algo. Puede ser tiempo, dinero, energía o inversión emocional. Esto se pone en evidencia, por ejemplo, cuando los chicos evalúan qué hacer con su tiempo libre. Mientras tú les listas ideas, ellos se imaginan por un segundo la diversión que puede, o no, resultar de cada plan, y finalmente deciden que el riesgo de no disfrutar la experiencia no amerita el esfuerzo implicado.

Para los chicos que luchan con la inercia de la adolescencia, este temor de «desperdiciar el tiempo» haciendo algo que podría no resultar útil o productivo puede convertirse en una gran decepción. Es una mentira basada en una extremadamente nublada definición de éxito. Lo que se traduce en: «Mi esfuerzo por entrenar con el equipo de atletismo solo valdrá la pena si hago que el equipo gane medallas». O: «Mi esfuerzo por obtener un trabajo de verano solo será un éxito si yo: a) obtengo el trabajo, b) gano suficiente dinero, y c) disfruto la experiencia».

Lo que veremos a continuación es que ampliar la definición de «éxito» (y del valor de los fracasos) puede ayudarnos a vencer estas tres fuentes de temor.

Redefiniendo el fracaso

Algunos de nosotros estamos tan interesados en que nuestros hijos tengan éxito, que nos resistimos a hablar sobre este tema. Después de todo, los grandes campeones odian perder, ¿verdad? Por esto les causa hasta dolor físico cuando pasan mal una pelota, erran un gol, o pierden el partido de futbol en los segundos finales. No queremos que nuestros hijos se sientan cómodos con el fracaso. Queremos que tengan hambre de victoria.

Y esto nos trae de regreso a la idea principal de este libro. La victoria y la derrota, el éxito y el fracaso, todo esto se define a través de la historia en la que estamos viviendo. Y para aquellos de nosotros que somos competitivos por naturaleza, esto se convierte en una verdadera prueba de nuestra fe en la historia de Dios. ¿Por qué? Porque la definición de éxito en la historia de Dios es diametralmente opuesta a la definición de éxito en la historia del mundo.

Por ejemplo, una falsa definición de éxito que nos inculca la historia del mundo lo relaciona con «obtener lo que yo quiero de la vida». Sin embargo la Biblia define la sabiduría humana como «una amarga y egoísta ambición». El mundo nos dice: «Mira a tu alrededor y decide lo que quieres, y luego simplemente haz un plan para obtenerlo y ver por ello». Eso suena como un buen consejo desde el punto de vista de nuestra cultura, ¿no es así? Hasta es posible que hayas leído libros o asistido a charlas en los que te enseñan cómo hacer esto.

Pero mira lo que dice Santiago 3.13-16: «¿Quién es sabio y entendido entre ustedes? Que lo demuestre con su buena conducta, mediante obras hechas con la humildad que le da su sabiduría. Pero si ustedes tienen envidias amargas y rivalidades en el corazón, dejen de presumir y de faltar a la verdad. Ésa no es la sabiduría que desciende del cielo, sino que es terrenal, puramente humana y diabólica. Porque donde hay envidias y rivalidades, también hay confusión y *toda clase de acciones malvadas*». Aquí se nos advierte que no nos enorgullezcamos, amoldándonos a la visión del mundo. Y también que el resultado de vivir para esa versión del éxito trae siempre terribles consecuencias de desorden y maldad.

En la historia de Dios, sin embargo, el éxito se ve completamente diferente. No consiste en lograr tener la vida que quieres tener. Mira lo que continúa diciendo Santiago 3.17-18: «*En cambio, la sabiduría que desciende del cielo es ante todo pura, y además pacífica, bondadosa, dócil, llena de compasión y de buenos frutos, imparcial y sincera. En fin, el fruto de la justicia se siembra en paz para los que hacen la paz»*. Santiago describe a una persona exitosa como quien vive sabiamente. Alguien puro, apasionado por la paz, reflexivo, sumiso, misericordioso, productivo en los asuntos de Dios, sincero y pacífico. No menciona para nada los bienes materiales, los placeres físicos, o los trofeos deportivos.

¿Quiere decir que está mal ser exitosos en cosas terrenales, tener muchas posesiones, ser grandes deportistas, ser los mejores en la clase, o conducir el automóvil que siempre quisimos? No, no está mal. Pero para aquellos que están intentando guiar a su familia a través de la historia de Dios, lo que es incorrecto es definir cualquiera de estas cosas como «éxito»... o la falta de cualquiera de ellas como «fracaso».

Aquí es donde el camino se divide. Porque el método de Dios para llevarnos a su manera de ver el éxito, involucra que experimentemos fracasos. Para la mayoría de nosotros esta es una idea que va en contra de la intuición. Así que permíteme que te lo repita de otra forma: *Nuestra habilidad para confiar en Dios y llegar a ser más y más como Jesús, viene a través de situaciones en las que experimentamos pérdidas. Y, a menudo, eso incluye nuestros fracasos.*

Vayamos al comienzo del libro de Santiago para entender mejor este punto. Tal vez te resulten familiares estos versículos: «*Hermanos míos, considérense muy dichosos cuando tengan que enfrentarse con diversas pruebas, pues ya saben que la prueba de su fe produce constancia. Y la constancia debe llevar a feliz término la obra, para que sean perfectos e íntegros, sin que les falte nada*». (Santiago 1.2-4)

El fracaso es un tipo de prueba. Dios utiliza nuestros fracasos para hacernos más exitosos en el rubro que tiene que ver con confiar en Él. Lee esos versículos de nuevo. Allí NO dice: «Considérense dichosos cuando vengan las pruebas, porque ustedes saben que Dios los hará tener éxito al final». Santiago nos dice que aprovechemos las pruebas porque ellas nos guiarán a confiar en Dios, y confiando en Dios, perseverando en la fe, es como obtiene el éxito de un seguidor de Jesús.

Esa es la medalla de oro. Ese es el escalón más alto del podio. Confiar en Dios es la victoria.

Así que, cuando nuestros hijos o nosotros mismos nos enfrentemos al fracaso (al real y doloroso fracaso), tomémoslo como un momento de aprendizaje. Es la oportunidad de demostrar que estamos viviendo dentro de la historia de Dios. Porque en ese momento estaremos definiendo el éxito como la capacidad para seguir confiando en Dios incluso cuando fracasamos.

Fallando productivamente dentro de la línea de la historia de Dios

La mayoría de nosotros nos perdemos las oportunidades que se nos presentan de fallar productivamente. En lugar de detenernos lo suficiente como para reforzar de una manera visible nuestra fe en Dios, lo que hacemos (especialmente como padres) es dejar actuar nuestro instinto por minimizar tanto como sea posible el impacto del fracaso. Les decimos a nuestros hijos: «Está bien, este fracaso no representa quien tú eres realmente. Tú sigues siendo valioso. No te viste como tonto. Y no desperdiciaste tu tiempo y energía, porque aprendiste una valiosa lección que podría ayudarte a ser exitoso en la historia del mundo en algún momento más adelante».

Esto último es grandioso, y puede que resulte cierto. El fracaso puede ser usado para hacernos más exitosos más adelante, lo cual está bien. Pero este no es el mejor uso que podemos hacer del fracaso cuando caminamos en la historia de Dios. Nuestro objetivo y esperanza para nuestros niños, no debe ser que ellos simplemente sigan su camino en pos del éxito tal y como lo define el mundo. Debemos tener un objetivo diferente.

Como Padres Extraordinarios, debemos ayudar a nuestros niños a obtener beneficios del fracaso, pero desde la perspectiva de la historia de Dios. Y creo que hay al menos seis claves para esto:

1. RESPONDER AL FRACASO CON HUMILDAD

Esto suena obvio, pero si te fijas bien, es opuesto a cómo la mayoría de nosotros respondemos. Somos muy rápidos para convencernos a nosotros mismos (y a nuestros hijos) de que, aunque fracasemos, nosotros realmente no somos unos fracasados.

¡Sí, lo somos! Pablo nos anima, en la carta a los Romanos, a pensar sobre nosotros mismos con un juicio sobrio. Digámonos a nosotros mismos y a nuestros hijos la verdad «desde el interior», como David oró. Somos personas que a veces erran un gol. Somos personas capaces que a veces toman las decisiones equivocadas. Somos personas que pecan voluntariamente. Somos personas que desaprueban exámenes. Y esto no es solo porque el sol nos daba en los ojos, o porque permanecimos levantados hasta muy tarde, o porque justo ese día no nos sentíamos muy bien...

Somos humanos finitos. Fallamos.

En el fondo, todos nosotros admiramos a aquellas personas que pueden reírse de sí mismos, y que pueden aceptar sus fallas como si fueran algo normal. Me encantan las entrevistas luego de un partido, cuando los jugadores que perdieron reconocen: «Es cierto, hoy no jugué muy bien», o «Sí, erré dos goles».

Por favor, no confundamos esto con auto-conmiseración. Sería deshonesto (y para nada cierto) si ese mismo jugador dijera: «Síiii, yo siempre erro los goles. Soy un mal jugador, un fracaso... Eso es lo que realmente soy...». Ser humilde implica ser honesto también cuando uno juega bien. Cuando uno mete el gol. Y cuando uno gana el campeonato.

De una manera u otra, la clave de la humildad es que ni nosotros ni nuestros hijos nos definamos a nosotros mismos de acuerdo a nuestros logros. Debemos definirnos (y definir nuestro éxito) por quien es Dios.

2. SER HONESTOS EN CUANTO AL DOLOR Y LA FRUSTRACIÓN

Si nos negamos a definirnos a nosotros mismos basándonos en nuestros fracasos, esto posiblemente disminuya el dolor. Pero de todos modos el fracaso duele. Deberíamos ser capaces de admitirlo. Algunos de nosotros, y tal vez de manera especial los adolescentes y preadolescentes, podemos mostrarnos demasiado positivos ante un fracaso, aparentando no estar decepcionados.

Este miedo de admitir que algo realmente nos importa proviene de nuestra necesidad de proteger nuestro sentido de autoestima, nuestro orgullo. Pero la parte «productiva» del fracaso incluye también el dolor que viene con él. Si negamos o queremos disimular el hecho de que nos duele, le restamos al fracaso lo bueno que nos puede traer.

Es el dolor lo que nos conduce a poner con más fuerza la esperanza en nuestro Padre. Es la sensación de pérdida lo que nos motiva a llenar el vacío (que proviene de perseguir la historia de auto-glorificación del mundo) con la plenitud de la esperanza que se encuentra en Dios.

3. SER HONESTOS ACERCA DE LO QUE SALIÓ MAL

Con el dolor del fracaso en una mano y la humildad en la otra, estamos listos para hacer un pequeño análisis y descifrar qué fue lo que salió mal. ¿Hicimos algunas suposiciones que resultaron ser falsas? ¿Confiamos demasiado en nosotros mismos y asumimos demasiados compromisos? ¿Fallamos por no actuar en el poder de Dios? ¿Nos dejamos vencer por nuestras debilidades en lugar de aprovechar nuestras fortalezas?

Repito de nuevo que el punto de esta reflexión no es que seremos mejores personas si fallamos con menos frecuencia. El punto es aprender a caminar en sabiduría, para la gloria de Dios. Y lo ideal sería poder sacar una enseñanza de lo que nos sucede, de manera que el fracaso de hoy nos ayude a eliminar las malas opciones la próxima vez.

Como bien dijo Thomas Edison (rompiendo las claves 1 y 2, pero siguiendo la clave 3): «No he fallado. He encontrado 10.000 maneras de hacerlo que no funcionan».

4. BUSCAR LA DIRECCIÓN DE DIOS EN MEDIO DEL FRACASO

Casi cada persona que conozco puede señalar los grandes fracasos en su vida como las piedras para escalar que Dios usó para colocarlos en posiciones que Dios deseaba para ellos desde antes. ¿Les has contado a tus hijos historias acerca de esos fracasos que cambiaron el rumbo de tu vida?

Conozco a varios hombres que invirtieron todos sus ahorros para construir un negocio. Planificaron, oraron, y ejecutaron... y luego todo colapsó. Habiendo perdido todos sus recursos, se vieron obligados a confiar en Dios en formas que nunca habían imaginado. Y luego pudieron ver cómo Dios los guio hacia mejores trabajos o negocios que lo que habían soñado.

Si ellos hubieran podido ver el futuro, hubieran sabido que los sueños por los que tan apasionadamente habían trabajado eran demasiado pequeños. El fracaso fue el camino que Dios usó para llevaros a mejores sueños para Su gloria.

A veces sucede lo mismo en las relaciones. Un buen amigo mío cuenta la historia de una chica que era «simplemente perfecta» para él en «casi todos los sentidos». Y él le gustaba a ella también. Pero la relación fracasó. Él no la trató bien. Era inmaduro. Y arruinó todo, alejándola. Pero ese fracaso le permitió crecer en la gracia de Dios y, en términos prácticos, permitió que él estuviera disponible (y con más madurez) cuando apareció la que llegaría a ser su esposa y mejor amiga de toda la vida.

Si sus sueños de una vida con la primera chica se hubieran hecho realidad (si él no los hubiera arruinado) no habría estado en el lugar que Dios necesitaba que estuviera para conocer a su esposa.

Estas historias no son falsos consuelos para hacernos sentir bien acerca de nuestros fracasos. Tienen la intención de hacernos ver el siguiente punto con mayor claridad...

5. RECORDAR CUÁNTO MÁS GRANDE ES DIOS QUE NUESTROS FRACASOS

Este es el mensaje más grande que quiero que mis hijos escuchen acerca del fracaso: Ellos son demasiado pequeños e insignificantes como para lograr hacer un agujero en el plan de Dios para el universo.

Incluso, muy a menudo, ¡son demasiado pequeños como para hacer un agujero en el plan de Dios para sus propias vidas!

De lo que estamos hablando es de tener una fe radical. De vivir y caminar en la línea de la historia de Dios. Es la misma clase de fe que José mantuvo en su herido corazón. Los hermanos de José fracasaron grandemente. Fracasaron voluntariamente. Fallaron moralmente. Vendieron a su hermano a los mercaderes de esclavos. Mintieron a su padre, que amaba profundamente a José, y le dijeron que José estaba muerto. Se trata de un fracaso de proporciones épicas.

Pero tú ya conoces la historia. José termina siendo el segundo hombre más poderoso del mundo, y se encuentra en la posición perfecta (muchos, muchos dolorosos años después) como para salvar a su familia de la ruina, y a todo su pueblo de morir de hambre. Por fe, él estaba convencido que el fracaso de sus hermanos también era el gran plan de Dios. ¿Recuerdas sus palabras? «Es verdad que ustedes pensaron hacerme mal, pero Dios transformó ese mal en bien para lograr lo que hoy estamos viendo: salvar la vida de mucha gente». (Génesis 50.20)

Por supuesto que no estoy queriendo decir que debamos entregarnos a pecar, porque total Dios obrará su plan de todas maneras... Sigue siendo cierto que nuestras decisiones tienen consecuencias, como vimos en un capítulo anterior. José sufrió como resultado de las acciones de sus hermanos. Y su padre también sufrió. Nuestras decisiones importan. Y nuestros fracasos son nuestros.

Pero (¡no me canso de decirlo!) Dios es más, mucho más poderoso que el impacto que puedan tener nuestros fracasos. Intentar algo nuevo, correr un riesgo... nada de lo que hagamos nosotros (ni ninguno de nuestros errores o fracasos) puede hacer que Dios descarrile de su propia línea de la historia.

6. PROBAR ALGO MÁS ARRIESGADO

El último punto que quiero tratar acerca de cómo responder al fracaso es el siguiente: Cuando tus hijos fallan, anímalos con urgencia a que intenten de nuevo, y a que intenten algo más arriesgado. Ya lo sé, esto también va en contra de la intuición. Nuestro instinto nos retrae, nos dice que juguemos a lo seguro, nos dice que nos escondamos. Nuestro temor al fracaso se incrementa frente al fracaso. E incluso podría llegar a tomar el control de nuestras vidas.

Una forma de vencer la timidez frente a los pequeños fracasos, es animarnos a nosotros y a nuestros hijos a tomar riesgos aun más grandes. No hay mejor forma que esta para decir: «Mi autoimagen y el cómo otros piensan de mí no son la cosa más importante. Mi tiempo y energía y dinero no son las cosas más importantes. No seré prisionero del temor al fracaso. Seguiré adelante, e intentaré algo incluso más arriesgado».

Por supuesto, la sabiduría debe poner un límite a los tipos de riesgos de los que estamos hablando. No estoy hablando de participar en situaciones moralmente arriesgadas, o de comprometernos en acciones insensatas que involucren pedir prestadas grandes cantidades de dinero, o de ser irrespetuosos con otras personas, o de hacer cosas para alimentar nuestro propio ego, o de atrevernos a realizar piruetas que resulten físicamente peligrosas. De lo que estoy hablando es de arriesgarnos a tener otro fracaso intentando lograr algo que valga la pena, algo que podría estar más allá de lo que imaginamos que está dentro de nuestras capacidades. Estoy hablando de ponernos metas más altas, tanto que no podemos estar seguros de si las alcanzaremos o si fallaremos en el intento.

Además de ser una respuesta valiente ante el fracaso, este enfoque nos obliga a confiar en Dios para intentar cosas más grandes de lo que nuestras capacidades individuales pueden manejar. Nos obliga a decir: «Dios puede manejar esto, sin importar el resultado final. Si doy este salto y fallo, Dios es capaz de colocarme en cualquier lugar que Él desee. Estoy dispuesto a perder (o a ganar) en mi intento, porque sé que Dios es el que me mantiene caminando dentro de su línea de la historia». Ayudar a nuestros hijos, mientras aún son pequeños, a realizar este tipo de intentos que atemorizan, es un regalo que tú puedes y debes hacerles.

Pero antes debes analizar tu propia vida. ¿Estás tú verdaderamente convencido de que Dios puede obrar en nuestros éxitos y en nuestros fracasos? ¿De que a veces incluso nuestros fracasos encajan dentro de su plan para el universo... y colaboran con nuestro éxito final como personas que confían completamente en Él?

No tengas miedo de fracasar frente a tus hijos. Pero sí ocúpate de fracasar bien, productivamente, frente a ellos. Y preocúpate si tus hijos parecen demasiado atemorizados por el fracaso. Tal vez algunos fracasos productivos sean lo que necesitan para poder ver a Cristo como su Salvador y verse a sí mismos como sus siervos... en lugar de al revés.

Antes de seguir con el próximo capítulo, hazte las siguientes preguntas:

1. ¿Has notado que tus hijos sienten temor a fallar? Si es así, ¿cuánto de ese temor viene de sus propias personalidades, y cuánto proviene del énfasis que se hace sobre el éxito y el fracaso en tu hogar??

2. Lista algunos de tus fracasos más productivos. ¿En qué manera te han ayudado a crecer como persona y/o como seguidor de Jesús? ¿Tu familia sabe de estos fracasos, y de tu actitud hacia ellos ahora que los ves a la distancia?

3. ¿Cuál crees que podría ser para tus hijos la siguiente oportunidad de fallar o fracasar en algo que resulte importante para ellos? ¿Cómo puedes comenzar a prepararlos desde ahora para que puedan ver el fracaso en esa área como una oportunidad de caminar exitosamente dentro de la línea de la historia de Dios?

CAPÍTULO NUEVE

DEMASIADAS HISTORIAS:
VIENDO EL ENTRETENIMIENTO A TRAVÉS DE LOS LENTES DE LA HISTORIA DE DIOS

Hemos dedicado gran parte de este libro a intentar ver que vivir en la historia de Dios implica tener una visión bíblica y cristiana del mundo. Es vivir según Su versión (la versión verdadera) de cómo opera el universo, de quiénes son los jugadores clave, de cuál es conflicto central de la vida, y de dónde proviene la victoria sobre ese conflicto. En la Palabra de Dios encontramos un inicio, un nudo, y un desenlace para la historia de todas las cosas. Y parte de nuestra tarea como padres es ayudar a nuestros hijos a ver cómo nuestras pequeñas historias encajan en la gran historia de Dios.

Este lenguaje nos resulta familiar porque todos estamos acostumbrados a incorporar información por medio de historias. Escuchamos, vemos, leemos y oímos miles de historias cada año. Algunas de ellas están basadas en hechos reales: hasta las mejores historias de los noticiosos están estructuradas de modo de presentarnos al «elenco de personajes» de la vida real, y estas historias tienen un inicio, un nudo, y un desenlace, incluso si la historia completa es todavía desconocida. De forma similar, cada evento deportivo que miramos por televisión es una historia real, con personajes coloridos, un conflicto central obvio, y una resolución satisfactoria (al menos para los ganadores). Y hoy en día también nos contamos unos a otros las historias de nuestros días y vidas personales, algunas veces en pequeñas porciones de 140 caracteres o menos.

Sin embargo, la mayoría de las historias que digerimos mentalmente cada día son ficticias. Vienen en forma de novelas, programas de televisión, películas, canciones populares, y juegos de video. Y cada una de estas historias está construida sobre un conjunto de suposiciones acerca de cómo funciona el mundo. Cada historia tiene una perspectiva de la vida. Esta perspectiva de la vida es la cosmovisión de esa historia en particular.

Por ejemplo, una novela de detectives en la que aparece la víctima de un asesinato, y se descubre que el crimen fue para cobrar el dinero de su seguro de vida, se construye, al menos, sobre la cosmovisión de que a algunas personas les importa más el dinero que la vida humana. Si la novela sugiere que el asesino debería ser atrapado y encerrado, se construye sobre la cosmovisión de que la moralidad existe y de que debemos abrazar la justicia. La historia se cuenta desde el punto de vista de que el bien y el mal son cuestiones reales, al menos hasta cierto punto.

En otro ejemplo, imaginemos una telenovela basada en la dramática historia de amor entre un hombre y una mujer que vencen grandes obstáculos antes de terminar finalmente juntos en una relación y un compromiso duraderos. Tal historia nos revela que la cosmovisión de quien cuenta la historia incluye el amor romántico como una conexión valiosa y deseable entre dos personas. Si, además, la pareja tiene relaciones sexuales sin dudarlo (o sin consecuencias) antes del matrimonio, eso nos dirá algo acerca de la perspectiva de quien cuenta la historia sobre esa área de la vida.

Pero, ¿por qué estamos hablando de esto? Porque las historias son un maestro poderoso, especialmente para nuestros hijos. Cada historia enseña algo, aun si el interés principal de quien cuenta la historia es entretener y no enseñar. Y lo cierto es que la mayoría de las historias incluyen al menos uno o dos mensajes explícitos, además de otros no tan evidentes.

Todas las historias nos presentan a nosotros como padres poderosas oportunidades de enseñanza. Si estamos dispuestos a hacer el esfuerzo de sumergirnos en algunas de estas historias con nuestros hijos, descubriremos algunas cosmovisiones que confirman la perspectiva de Dios de la vida, y otras que la niegan. El analizar y desenmascarar juntos esas verdades y mentiras puede convertirse también en un medio efectivo para ayudar a nuestros hijos a examinar su propia cosmovisión basada en la Biblia.

La mayoría de los padres estamos acostumbrados a pensar en proteger a nuestros hijos de distintos tipos de contenido que aparecen en los medios masivos de comunicación. En diferentes medidas, estamos alertas a la violencia explícita, a situaciones sexuales, al leguaje ofensivo, y a los temas de adultos que aparecen en programas de televisión, música, libros, y contenidos de Internet que nuestros hijos consumen. Dependiendo de la edad de tus hijos, ese estado de vigilante puede definitivamente convertirse en una carga para ti.

Por otro lado, rara vez encuentro a padres deseosos de evaluar los medios masivos de comunicación con base en los mensajes ocultos sobre la cosmovisión que contienen, incluso cuando esos mensajes a menudo se oponen de manera tan clara y persuasiva a la historia de Dios que estamos intentando compartir con nuestros hijos.

Hace varios años, comenzamos a darnos cuenta en Planet Wisdom de cómo los jóvenes cristianos en ocasiones aprobaban los falsos mensajes de las películas y programas de televisión que les gustaban, al mismo tiempo que sostenían una firme convicción en la veracidad de la Palabra de Dios. Al parecer no entendían (o no se daban cuenta) que dos ideas opuestas no pueden ser ambas verdaderas simultáneamente.

Por ejemplo, una famosa película de 1999 titulada «The Cider House Rules», basada en un libro de John Irving, cuenta la historia de un joven llamado Homer Wells (papel ejecutado por el agradable actor Tobey Maguire) que, en la década de los 40, aprende importantes lecciones de vida al tiempo que se convierte en un doctor compasivo que se interesa por los trabajadores rurales migrantes.

Sin embargo, las lecciones que Homer aprende vienen de su mentor (papel ejecutado por el agradable Michael Cane), que es adicto a las drogas, y de dormir con la novia de un piloto de guerra de la Segunda Guerra Mundial sin que este lo sepa. Y una de estas lecciones incluye aprender a aceptar el papel de convertirse en un doctor que ejecuta abortos ilegales para mujeres en necesidad.

La película es muy agradable de ver, con hermosas escenas filmadas en otoño, e incluye una linda historia romántica. Es emotiva y conmovedora. Sin embargo, más adelante en la película su mensaje central es presentado por un respetado doctor mayor que habla acerca de romper las reglas de la ley y la moralidad: «Las personas que hicieron aquellas reglas no viven aquí. No respiran este aire. No pasan tiempo aquí. Esas reglas no son para nosotros. Nosotros hacemos nuestras propias reglas, ¿cierto, Homer?»

A menos que hayas visto la película, tendrás que creerme. Esa afirmación comunicada por aquel personaje tan especial y en ese momento de la película, parece ser un mensaje muy sabio y perspicaz y valiente. ¡Pero aun así es exactamente opuesto a la verdad! Sea cual sea la postura que uno tenga sobre el tema polémico de los derechos al aborto, la frase que describe la mejor sabiduría del mundo corre en dirección opuesta a la sabiduría de Dios.

Mi esperanza para los padres cristianos no es que simplemente descubran la clase de ideas que son enseñadas en las películas y les prohíban a sus hijos ver esas películas. En lugar de ello, quisiera que podamos ayudar a nuestros hijos, cuando se encuentren con estas historias, a verlas a través de la sabiduría de Dios y decir: «Eso no es verdad según mi entendimiento de lo que la Biblia enseña, y esta es la razón...»

Para poner un ejemplo positivo, otra película protagonizada por Tobey Maguire fue el éxito de taquilla Spider-Man (El hombre araña) en el 2002. El mensaje más fuerte de esa película en particular es uno que fácilmente encaja en el marco de referencia de la historia de Dios: «Con un gran poder viene una gran responsabilidad». Me encantaría explicarles a los jóvenes lo que eso significa dentro del contexto de la película, así como explicarles por qué es verdad también dentro del contexto de la Palabra de Dios.

¿Es esto esperar demasiado de los padres, y de los hijos? No lo creo, pero sí sé que requiere un entrenamiento específico. Y la forma en la que nosotros como padres modelemos el consumo de entretenimiento tendrá mucha influencia sobre si nuestros hijos desean o no hacer ese esfuerzo. Si nos escuchan decir: «No tiene importancia, es solo entretenimiento», entonces no les estaremos ayudando en nada a poder procesar todas las historias que escucharán a lo largo de sus vidas, muchas de las cuales aún no se han inventado, y que estarán escritas por muchos narradores de cada imaginable perspectiva y cosmovisión.

La historia de Dios acerca de la vida cristiana no parece dejar lugar a la perspectiva moderna de «entretenimiento», que hace que dejemos pasar historia tras historia sin involucrar nuestra mente para evaluar la verdad y el error. En cambio, Dios nos insta a llevar cautivo todo pensamiento para que se someta a Cristo (2 Corintios 10.5), a considerar «todo lo verdadero, todo lo respetable, todo lo justo, todo lo puro, todo lo amable, todo lo digno de admiración...» (Filipenses 4.8), y a renunciar a la sabiduría del mundo en favor de la sabiduría de Dios. No creo que podamos hacer esto si no escuchamos cada historia con oídos críticos para descubrir la verdad y la mentira.

Veremos un poco mejor cómo hacer esto al final del capítulo. Por ahora, abordemos una pregunta más obvia para la mayoría de los padres que nos preocupamos por aquello con lo que nuestros hijos están alimentando sus almas. En el universo del entretenimiento, ¿cómo podemos enseñarles a decidir qué vale la pena ver y qué no?

¿Debería yo ver esto?

Por ahora (y dependiendo de la edad de tus hijos) tal vez estés aun en la posición de poder decir sí o no a los medios masivos de comunicación que tus hijos pueden ver o escuchar, o a qué video juegos pueden jugar. Inevitablemente, sin embargo, en un futuro esas decisiones serán suyas y solo suyas. ¿Cómo decidirán qué ver y qué no cuando tú no tengas la palabra final en esas decisiones? O, si es que ellos ya están tomando la mayoría de esas decisiones por sí mismos, ¿cómo están decidiendo?

Parte de su proceso de toma de decisiones se construirá sobre las decisiones que te han visto tomar a ti. Y, por supuesto, la mayoría de los adolescentes comenzarán a intentar empujar tus límites un poco más allá. Esa es la naturaleza de la adolescencia. Pero de todos modos ellos han recogido algunas pistas de ti acerca de cómo establecer los límites (o de si deberían establecerlos o no).

Las siguientes preguntas de autoevaluación son una buena herramienta tanto para jóvenes como para adultos. Son útiles cuando se deben tomar decisiones acerca de decir sí o no a las variadas opciones que ofrecen los medios de comunicación.

Antes de compartirte la lista, sin embargo, quisiera contarte algo que he notado de algunos padres de los jóvenes cristianos con los que paso tiempo: ¡Son muy parecidos a mí! Con eso quiero decir que a todos nos encanta hablar de las películas y programas de televisión que vemos, y de los últimos videojuegos que aparecen en el mercado. Y todos somos un poco protectores de nuestro «derecho» a ver lo que queramos ver. Después de todo, somos adultos. Y la verdad es que preferimos no tener que lidiar con otras personas (en especial con otros cristianos) que traten de imponernos sus normas. Esas restricciones tan estrictas deberían haber desaparecido con la generación de nuestros padres, ¿no es verdad?

Pues sí, en cierta medida. Pero también quisiera decir que uno de los beneficios de ser padre es la oportunidad de verte a ti mismo como un hijo de nuevo. Porque el ser padres nos hace preguntarnos quiénes somos y cómo estamos creciendo. Así que, hazte tú también algunas preguntas: ¿Con qué actitud quisiera yo que mis hijos participen en una conversación acerca de sus elecciones en cuanto a qué cosas conviene ver y cuáles no? ¿Con qué clase de espíritu quisiera yo que aborden este tema al ir creciendo y acercándose a la adultez? ¿Juega un papel impactante en su vida espiritual, emocional, y mental lo que ven, escuchan, y con lo que juegan? Creo que podemos decir con absoluta certeza que sí.

Al tiempo que yo intento modelar para mis hijos lo que significa caminar en la historia de Dios en una era de millones de opciones de medios y con muy poco tiempo para consumirlo todo, debería estar dispuesto a hacerme las mismas preguntas. ¿Con qué actitud conversaré acerca del tema de las decisiones sobre los medios? ¿Con qué clase de espíritu abordo yo este tema al conversar con ellos o con otras personas? ¿Lo que veo, escucho, o con lo que juego, tiene un impacto en mi vida espiritual, emocional, y mental?

Dado que nuestras opciones relativas los medios son ilimitadas, y considerando que nuestro consumo de medios puede ser casi anónimo, estoy convencido de que es importante estar dispuestos a acercarnos a esta conversación con nosotros mismos y con nuestros hijos con estas tres actitudes específicas:

1. Espíritu sumiso

Cuando se trata de medios, ¿nos sentamos a conversar (nosotros y nuestros hijos) solo para «defender nuestro derecho a decidir»? ¿O estamos dispuestos a rendir algo insignificante, como media hora de *Two and a Half Men*, si descubrimos que eso es lo que Dios quiere de nosotros?

2. Honestidad despiadada

David escribió que Dios quiere que tengamos la verdad en lo más íntimo. ¿Alguna vez te has dado cuenta de que tus hijos, cuando están absorbiendo historias de los medios, tratan de convencerse a ellos mismos de que no están sintiendo ciertas cosas que en realidad sí están sintiendo? «No, papi, no me da miedo...», dicen, al mismo tiempo que tapan sus ojos con las manos para no ver la pantalla del televisor. ¿Alguna vez has tratado de convencerte a ti mismo de que ciertas experiencias con los medios no son perjudiciales par ti (aunque sí lo son)?

3. Sensibilidad al Espíritu Santo

Algunos de nosotros (y algunos de nuestros hijos) podemos llegar a fabricar dentro nuestro una gran sensación de culpabilidad por casi cualquier cosa. No me estoy refiriendo a eso. Nuestro deseo para nosotros y para nuestros hijos debe ser aprender a dejar que el Espíritu Santo guíe (o empuje) a nuestros espíritus en la dirección correcta, para que tomemos buenas decisiones con respecto a los medios. Pero eso requiere la voluntad de escuchar a Dios.

Muy bien, ahora sí estamos listos para la lista. Aquí te comparto algunas de las preguntas que utilizamos en Planet Wisdom para entrenar a nuestros hijos en el hábito de ser responsables de preguntarlas y responderlas cuando se trata de tomar decisiones acerca de los medios.

1. ¿Ya he tenido suficiente? El problema no es siempre la calidad o lo objetable del contenido de los medios. Hay tantas historias allá afuera, que podrías ver, jugar, escuchar o leer ocho horas al día durante el resto de tu vida y nunca se acabarían. Todos sabemos que hay un punto en que algo llega a ser demasiado, pero la máquina de los medios está construida de modo de tentarnos para que tomemos la siguiente porción sin pensarlo dos veces.

No me molestaré en agitar frente a tus ojos todos los estudios que muestran la relación entre ver televisión y el rendimiento pobre en la escuela o la falta de creatividad o la baja concentración o la obesidad. Ya los has leído, o al menos has oído de ellos. Y seguramente te hacen sentir mal cada vez que alguien de tu familia se sienta a ver televisión durante horas y horas.

Sin embargo, para nuestro propósito de ser padres extraordinarios, debemos reconocer el poder que tiene el que nuestros hijos nos vean decir: «Basta, es suficiente» para nosotros mismos, y no solo para ellos. Resulta muy valioso que compartamos con ellos nuestro proceso de pensamiento para desconectarnos del entretenimiento (o de cualquier otra cosa en nuestras vidas), y que modelemos para ellos cómo llegamos a moderar nuestro propio consumo de los medios masivos de comunicación.

Moderación es una palabra difícil. Después de todo, resulta más fácil poner límites absolutos a nuestro consumo de medios («Puedes ver/escuchar/jugar durante una hora, y punto»). También resulta fácil simplemente rendirnos y dejar que se saturen a su antojo. Por el contrario, el modelar y enseñar dónde está la línea entre «suficiente» y «demasiado» toma más tiempo y esfuerzo. ¡Pero rinde fruto! Y podemos ver este fruto cuando nuestros hijos comienzan a hacerse la pregunta: «¿Quiero realmente seguir haciendo esto durante más tiempo? ¿En qué me beneficia o en qué me ayuda? ¿Podría en cambio hacer algo más divertido o más interesante o más productivo con mi tiempo?»

2. ¿Han dicho mis padres que no? He trabajado muchos años como columnista invitado para la revista Ignite Your Faith, sobre el tema de los medios. Como padre, podrías sorprenderte (o tal vez no) al saber cuántos adolescentes me escribieron buscando una segunda opinión. «Querido señor Matlock: Mis padres han catalogado a los libros de Harry Potter como inapropiados para mí en este punto de mi desarrollo. Me pregunto si de todas maneras debería leerlos, y si piensa usted que hay algo malo con ellos...»

No sé por qué, pero algunos jóvenes sufren de una especie de desconexión entre sus decisiones respecto de los medios, y el tema de la sumisión a la autoridad de sus padres. En un examen sobre la Biblia, ellos responderían correctamente y sin dudarlo que los hijos deben obedecer a sus padres. Pero luego, en la vida real, rápidamente descartan lo que sus padres les dicen acerca de lo que están leyendo/viendo/ jugando.

Obviamente, como padres podemos dar órdenes, y podemos disciplinar a nuestros hijos si nos desobedecen. Pero también hay espacio para tener una conversación acerca de cómo el caminar en la historia de Dios significa también ser hombres y mujeres bajo autoridad. Y en este sentido, vale la pena compartir con tus hijos tus propias luchas. Puedes contarles acerca de las veces que te ha costado someterte a las autoridades que Dios ha establecido en tu vida, o creer que Dios dirige tus circunstancias por medio de las restricciones y direcciones de aquellos que están a cargo... incluso cuando están equivocados.

Es difícil para los niños y jóvenes creer que lo que ingresa en sus cerebros realmente importa. Y es difícil para todos nosotros creer que

Dios está dirigiendo nuestros pasos por medio de las autoridades en nuestras vidas. Pero esas son cuestiones con las que esperamos que nuestros hijos al menos luchen, aun cuando no siempre logren tener la fuerza de voluntad suficiente como para actuar de acuerdo a su fe.

Recuerda: la meta final es criar hijos que tomen decisiones sabias acerca de los medios *por sí mismos*, no «porque tú lo dijiste». Los padres sabios comienzan a soltar las riendas de lo que está permitido y lo que no, a medida que sus hijos van creciendo. He visto con admiración cómo algunos amigos míos les han dado a sus hijos permiso para ver cosas que podrían haber estado restringidas uno o dos años antes, con la condición de que luego sus hijos escriban un reporte o tengan una conversación acerca de la historia, basándose en algunos de los análisis de las cosmovisiones que describiremos en las siguientes páginas.

3. ¿Consumir esto que me ofrece este medio, hará que me resulte más fácil pecar o hacer lo correcto? Observa que este es un paso más allá de la pregunta absolutista que probablemente nos hayan enseñado cundo éramos niños: «¿Es pecado que mire o escuche o juegue con esto?» Las Escrituras nos dan más permiso pero nos piden más responsabilidad al analizar y tomar decisiones respecto de los medios, cuando Pablo cita una frase muy empleada por creyentes que ya no estaban bajo el peso de la ley, y le agrega una enseñanza: «"Todo está permitido", pero no todo es provechoso. "Todo está permitido", pero no todo es constructivo». (1 Corintios 10.23)

Estamos tratando de enseñar a nuestras familias a hacerse preguntas más profundas que simplemente: «¿Está bien que mire tal o cual película?» o «¿Está bien que escuche tal o cual banda?». Si quieres realmente hacer pensar a tus hijos, respóndeles: «¿Ver esa película te será provechoso?» o «¿Escuchar esa banda te resultará constructivo?»

Y si quieres que ellos sepan que tú crees que esas son preguntas válidas, entonces practica el aplicarlas a lo que tú mismo ves y oyes y lees. En verdad son preguntas difíciles. Una forma más sencilla de formularlas sería: «¿Esto me ayudará a pecar más o menos, o a hacer el bien más o menos?». Porque, seamos sinceros, hay que poco de lo que absorbemos que pueda resultar totalmente neutral en cuanto a lo que fomenta en nosotros.

4. Esta decisión acerca de los medios, ¿traerá temor a mi vida? Existe una clase de temor que experimentas cuando tus hijos se esconden detrás de la pared y luego saltan para asustarte. Algunos medios están repletos de esa clase de momentos, del tipo «salta de tu asiento». Pero también está ese otro tipo de temor que persiste en tu mente y te hace sufrir con cada paso que das, entre la oscuridad y las sombras, hacia tu silenciosa y solitaria habitación. Cualquier padre que haya pasado una noche sin dormir junto a un niño asustado hasta la médula entenderá perfectamente de qué miedo estoy hablando.

He aquí algo que sabemos con seguridad: Dios no quiere que vivamos en temor. Este es uno de los mandamientos que repetidamente se nos encomiendan en el Nuevo Testamento. Dios faculta a aquellos que caminan en su historia para que venzan el temor. Decidir aferrarnos al temor en pos de experimentar un rato de entretenimiento sería una vergüenza.

Sin embargo, a algunos jóvenes les toma un tiempo averiguar dónde está la línea entre disfrutar las «partes de miedo» de una película o de un libro, y dejar que las partes de miedo se apoderen de sus vidas incluso mucho después de que ha terminado la historia. No todos somos iguales, y tú y tus hijos pueden tener niveles diferentes de tolerancia. Sea como sea, anímalos a que no sacrifiquen su paz mental en favor de ninguna historia.

5. Esta decisión acerca de los medios, ¿me hará luchar con pensamientos sexuales inapropiados, confusos o inmorales? Claramente, esta es una pregunta que tus hijos deberán responder conforme vayan creciendo. Una vez que hayas decidido tener «la conversación» sobre «ese tema» y hayas abierto la puerta para discutir las cuestiones relacionadas con la sexualidad con tus hijos, entonces resultará totalmente apropiado incluir las decisiones acerca de los medios en tus conversaciones.

Mientras tanto, la mayoría de los padres ven como parte de su mandato el estar de pie, firmes, entre los ojos de sus hijos y la gran cantidad de contenidos sexuales que hay disponibles en Internet, en la televisión, en la música, en los libros, en la casa de sus amigos, en muchos anuncios comerciales, en revistas y catálogos, en conversaciones en la esquina con los hijos de los vecinos...

Perfecto, pero quiero avisarte que te va a resultar difícil permanecer de pie entre tus hijos y cualquier posible fuente de historias cargadas con contenido sexual, y más a medida que tus hijos crecen. Por lo tanto, es más que apropiado (de hecho, es totalmente necesario) encontrar formas de tener un diálogo abierto con tus hijos adolescentes sobre por qué lo que ven en las historias de los medios es en general muy diferente al plan de Dios para el sexo (que les has descrito previamente).

Un tema aun más complejo es no escandalizarte y mantener un espíritu que permita el acercamiento cuando llegue el día en que alguno de tus hijos vea algo con un contenido que desearías que no hubiera visto nunca... o cuando te enteres de que ha estado alimentándose con contenidos que ni siquiera sabías que existían. Lo que hacemos y decimos en esos momentos es muy importante, porque les dice a nuestros hijos cuánto confiamos en la misericordia de Dios, en su gracia, su paciencia, y su perdón. Lo que hacemos y decimos también les dice cuán en serio nos tomamos los estándares de Dios acerca de la sexualidad.

Por último, las decisiones que nuestros hijos nos ven tomar acerca del contenido sexual en los medios que nosotros mismos consumimos, comunican con alto volumen también.

Es válido pedirles a nuestros hijos (y ellos a nosotros) que intenten ser como Job, quien prometió nunca mirar con lujuria a una mujer (Job 31.1). Pero debemos reconocer que esto resulta difícil, dado que convivimos con un aparato de televisión que parece haber sido diseñado específicamente con ese propósito. ¿Qué límites trazarán nuestros hijos para sí mismos cuando dejen nuestra casa (o cuando entren a sus habitaciones) para lograr que eso sea posible?

6. Esta decisión acerca de los medios, ¿traerá enojo o ira a mi vida? Esta vez sí citaré un estudio, porque confirma lo que muchas investigaciones acerca de adolescentes y videojuegos han venido demostrando a lo largo de las últimas décadas.

Para este estudio, conducido por la Escuela de Medicina de la Universidad de Indiana en el 2006, los investigadores conectaron a 44 adolescentes a máquinas de resonancia magnética para hacer un mapa de la actividad de sus cerebros. Luego hicieron que los jóvenes jugaran con videojuegos. Todos los juegos tenían un ritmo acelerado. La mitad del grupo tenía juegos violentos, y la otra mitad juegos no violentos.

Los resultados claramente mostraron que aquellos jóvenes que habían jugado juegos violentos tuvieron respuestas significativamente diferentes en dos partes de sus cerebros. En primer lugar, experimentaron más actividad en una región asociada con el «estímulo emocional». En otras palabras, se emocionaron muy seriamente. Y en segundo lugar, experimentaron menos actividad en la región del cerebro asociada con al auto control. En resumen, los jugadores de videojuegos violentos tienden a exaltarse más y a ser menos inhibidos que los otros jugadores.[1]

No estoy queriendo decir que los adolescentes nunca deban jugar videojuegos violentos, o que nunca deban jugar ningún videojuego. A mí me gustan los videojuegos, y mi familia ha disfrutado al jugar algunos de ellos juntos, lo cual nos ha dejado muy a menudo muy exaltados. Los videojuegos llegaron para quedarse, y se han convertido en un clásico del entretenimiento familiar y del tiempo que pasamos juntos.

De todos modos, lo que sabemos con seguridad es que la voluntad de Dios es que no alberguemos enojo en nuestro corazón. Ningún tipo de enojo. Si jugar a ciertos videojuegos o escuchar cierta música nos deja enojados, exaltados, y con menos inhibiciones, entonces eso es un problema. El «menú» de tipos posibles de enojo que lista Pablo en Colosenses 3.8 es bastante abarcativo, y se nos dice que nos deshagamos de todos ellos: «Pero ahora abandonen también todo esto: enojo, ira, malicia, calumnia y lenguaje obsceno».

---

1 Ver estudio en http://www2.rsna.org/timssnet/media/pressreleases/pr_target.cfm?ID=304

Si nosotros (o nuestros hijos) nos sentimos pecaminosamente enojados durante o después de consumir algún tipo en particular de medios, entonces probablemente no sea la voluntad de Dios que nosotros (o ellos) los consumamos. Algunos amigos cristianos me han contado abiertamente que les gusta cierto tipo de música, del estilo rock pesado, porque les ayuda a mantenerse enojados y energizados. No estoy muy convencido de que esa sea la voluntad de Dios para ellos. Por otra parte, algunos otros de mis amigos son capaces de escuchar a Metallica durante horas sin que les provoque el más mínimo signo de enojo.

En el mismo sentido, si algún tipo de medio masivo de comunicación crea discordia, enojo, o tensión en tu hogar, aprovecha la oportunidad para explicarles a tus hijos por qué estás decidiendo limitar la exposición a él. Aun si se enfurecen porque están en desacuerdo con tu decisión, deberían al menos ser capaces de entender que tú estás intentando liderar a tu familia para que camine dentro de la línea de la historia de Dios.

¿Pueden ellos decir lo que la historia está diciendo?

Ahora que ya hemos analizado algunas de las preguntas relacionadas con cuán beneficiosos (o no) resultan cierto tipo de medios masivos de comunicación, quiero proponer que hay aun una mejor pregunta: Cuándo veo o escucho o juego o leo algo, ¿puedo identificar la cosmovisión sobre la que la historia está construida? ¿Puedo tamizar y descubrir los mensajes que esa historia está transmitiendo? Y, más importante aun, ¿puedo comparar la cosmovisión de esa historia con una cosmovisión bíblica?

Ya hemos descrito al principio de este capítulo por qué el análisis de la cosmovisión detrás de las historias que vemos u oímos importa. Es una causa que hemos estado liderando en PlanetWisdom.com en el área de las películas por casi una década. En cada comentario, escribimos una sinopsis de la historia, presentamos una breve opinión de lo que piensa acerca de la película la persona que la vio, y luego nos sumergimos en el ejercicio que describimos aquí: Tratamos de decir con tanta claridad y justicia como sea posible lo que la película está diciendo acerca de la naturaleza de la vida, sobre lo que es bueno y lo que es malo, sobre la naturaleza humana, sobre Dios, y sobre otros temas. Y luego tratamos de mostrar cómo esa perspectiva se compara con lo que la historia de Dios nos dice acerca de esas cosas.

Si como padres extraordinarios esperamos mantenernos lejos (nosotros y nuestros hijos) de ser víctimas de los miles de mensajes mixtos de los medios, y si tenemos la esperanza de encontrar (para nosotros y para nuestros hijos) algunas maneras de redimir las horas gastadas en consumir todos esos medios, entonces es nuestra responsabilidad enseñarles a nuestros hijos estas habilidades.

Lo que estamos buscando es criar pensadores cristianos, no solamente consumidores cristianos. Cada vez que escucho a los jóvenes decir cosas como: «Sé que no debería haberla visto, pero fue una gran película», mi conclusión es que: (a) solamente están procesando lo que reciben de los medios en términos de «debería o no debería», en lugar de en términos de «¿cuál es el mensaje detrás de esto?» y «¿me conviene o no me conviene?»; y (b) el hecho de si «deberían o no deberían» realmente no les importa de todas maneras. Si realmente vamos a dejar atrás el legalismo sin sentido del «debería o no debería», entonces debemos ser también capaces de pensar cuidadosamente, y en términos más profundos, acerca de aquello que estamos recibiendo de los medios.

Otra afirmación que escucho con frecuencia de boca los adolescentes (y que me parece al menos un paso en la dirección correcta) es: «No estoy de acuerdo con algunas de las cosas en ella, pero me gustó la historia». Mi anhelo sería escuchar a los adolescentes dar un paso más al frente y explicar, desde un punto de vista bíblico, con qué cosas de la perspectiva del narrador de la historia no estuvieron de acuerdo y por qué, sin necesariamente tener que disculparse por haber disfrutado de la narración de la historia.

¿Cómo llegamos a ese punto? Hemos desarrollado la siguiente lista de preguntas que pueden ser hechas con relación a casi cualquier historia, sin importar en qué formato esté presentada. Ya sea una película o un libro o una canción o un juego de video, estas preguntas se pueden aplicar. Tal vez una buena idea para comenzar sería tomar con tu familia alguna historia, y luego recorrer las siguientes preguntas como un ejercicio para ir entrenando el discernimiento bíblico acerca de lo que los medios nos dicen (explícitamente o no).

Análisis de la cosmovisión detrás de las historias

1. ¿QUÉ DICE ESTA HISTORIA ACERCA DE DIOS?

La mayoría de las historias seculares parecen transcurrir en un mundo en el que Dios no existe, o al menos no tiene un peso significativo. Algunos crean una versión de Dios que es diferente a la que las Escrituras muestran. Otros dejan abierta la posibilidad de la existencia de Dios. Y otros incluso se atreven a defender alguna versión del Creador que resulta compatible con la Biblia.

2. ¿QUÉ DICE ESTA HISTORIA ACERCA DE JESÚS?

Cualquier historia que sugiera que los humanos pueden tener paz con Dios sin una relación con Jesús es errónea en su interpretación de la historia de Dios. Esta historia, ¿menciona a Jesús de una forma significativa? De ser así, ¿qué dice acerca de Él?

3. ¿QUÉ DICE ESTA HISTORIA ACERCA DEL MUNDO SOBRENATURAL?

¿Se presentan otros dioses o religiones de forma válida y positiva? ¿Se mencionan los ángeles o los demonios? ¿Fantasmas? ¿Cómo se alinean las descripciones de estas cosas en esta historia con las enseñanzas de la Biblia?

4. ¿QUÉ DICE ESTA HISTORIA ACERCA DEL BIEN Y DEL MAL, Y DE LO CORRECTO E INCORRECTO?

Dentro de la cosmovisión de esta historia, ¿se da por sentado que algunas cosas son buenas y otras malas? Cuando algo malo sucede, ¿los personajes desean y trabajan por la justicia? El mal, ¿se muestra como algo realmente malo? ¿Existe el bien?

5. ¿QUÉ DICE ESTA HISTORIA ACERCA DE LA NATURALEZA DE LOS SERES HUMANOS?

¿Se ve a los seres humanos como si fueran todos buenos, o como si fueran algunos buenos y otros malos, o como si fueran todos malos? ¿Se supone que los humanos, como especie, están mejorando moralmente, o están en decadencia en este sentido?

6. ¿QUÉ DICE ESTA HISTORIA ACERCA DE LA GRACIA Y LA REDENCIÓN?

¿Se presenta a los seres humanos como totalmente autosuficientes, o como necesitados de gracia y de perdón? ¿Pueden las personas dentro de esta historia redimirse a sí mismas, o necesitan algún tipo de salvador?

7. ¿QUÉ DICE ESTA HISTORIA ACERCA DE LOS PADRES Y LAS FAMILIAS?

8. ¿QUÉ DICE ESTA HISTORIA ACERCA DEL SEXO Y DEL MATRIMONIO?

9. ¿QUÉ DICE ESTA HISTORIA ACERCA DE LA VENGANZA Y LA JUSTICIA?

10. ¿QUÉ DICE ESTA HISTORIA ACERCA DE LA VERDAD Y LA MENTIRA?

11. ¿QUÉ COSA EN ESTA HISTORIA ESTÁ ESPECIALMENTE EN DESACUERDO CON LA HISTORIA DE DIOS DEL UNIVERSO?

12. ¿QUÉ COSA EN ESTA HISTORIA ESTÁ ESPECIALMENTE DE ACUERDO CON LA HISTORIA DE DIOS DEL UNIVERSO?

13. ¿QUÉ PODEMOS APRENDER ACERCA DE LA VIDA DESDE EL PUNTO DE VISTA PARTICULAR DEL NARRADOR DE ESTA HISTORIA?

14. ¿CON QUÉ PARTES DE LA COSMOVISIÓN DE ESTA HISTORIA ESTAMOS DE ACUERDO O EN DESACUERDO SOLO PORQUE ESA ES NUESTRA OPINIÓN (Y NO POR UNA CUESTIÓN DE VERDAD BÍBLICA)?

A medida que comiences a recorrer repetidamente junto a tus hijos una lista de preguntas como estas, todo comenzará a resultarles más claro, más evidente. Y con el tiempo les saldrá de manera natural el escuchar y ver todas las historias a través del filtro de la historia de Dios, y a evaluar cada mensaje que reciben en términos de si es verdadero o es equivocado. Entonces tú y tu familia podrán moverse más allá del «debería o no debería», para distinguir la sabiduría verdadera de la falsa sabiduría que se despliega en libros, videojuegos, televisión, música, y películas.

Otra cuestión útil acerca de aprender a escuchar las historias desde la perspectiva de Dios es que nos vamos convirtiendo en mejores narradores nosotros mismos. Y, como veremos en el próximo capítulo, no queremos olvidarnos de contarles a nuestros hijos el emocionante final de la historia más grande de todas.

Antes de seguir con el próximo capítulo, hazte las siguientes preguntas:

1. ¿Cuán a menudo evalúas las historias provenientes de los medios que tú y tu familia consumen a diario? ¿Lo haces en términos de veracidad con relación a la historia de Dios?

2. ¿Cuántas historias podrían tú y tus hijos evaluar en profundidad en un solo día, o en una semana? ¿Debería eso limitar el número de historias (programas, música, videojuegos, libros, películas, etc.) que consumen?

CAPÍTULO DIEZ

CONTANDO EL FINAL DE LA HISTORIA

10

Recuerdo un momento oscuro que viví durante mi primer año en la universidad. Yo estaba confundido con una relación romántica. No estaba seguro de por qué estaba en la universidad. En cierta forma perdí la noción de quién era realmente yo. Y sentía que estaba en problemas. Llamé a mi padre para pedirle ayuda. Era la una de la mañana.

Mi padre no se enfadó. Él no menospreció mis sentimientos como si simplemente fuera un chico estresado por estar en la universidad. Me tomó muy en serio, y me preguntó si quería que lo habláramos en persona. Luego subió a su automóvil, en la mitad de la noche, y manejó hasta encontrarse conmigo. Y lo que me dejó esa charla fue más que un renovado entendimiento de lo mucho que yo le importaba a mi padre. Esa charla también me ayudó a volver a poner mi esperanza en el lugar correcto. Mi padre me ayudó a ver que yo había estado basando mis esperanzas en una relación romántica con una chica, y en el hecho de estudiar en la universidad. Y que esas esperanzas habían fracasado. Mi padre me ayudó a poner de nuevo mi esperanza en Dios.

Hay un gran discurso en la trilogía de El Señor de los Anillos, al final de «Las dos torres», en el cual el sirviente y compañero fiel de Frodo, Sam, se da cuenta de que están en el punto más bajo de la aventura. Todo está saliendo mal. Y Sam dice:

«Es como en las grandes historias, Sr. Frodo. En las que realmente importan. Llenas de peligro y oscuridad. Porque, ¿cómo podrían tener un final feliz? ¿Cómo puede el mundo seguir igual, con todas las cosas malas que han sucedido? Esas son las historias que se quedaban

contigo. Que significaban algo. Incluso si eras demasiado pequeño para comprender por qué... Las personas en esas historias tenían muchas oportunidades de darse la vuelta y volver atrás, pero no lo hacían. Porque se estaban aferrando a algo. Hay algo bueno en este mundo, Sr. Frodo. Y vale la pena luchar por ello».

Contando el final de la historia

No importa cuán fuertemente intentemos protegerlos, no importa qué tan bien los preparemos, nuestros hijos e hijas se enfrentarán a esos momentos devastadores de oscuridad y peligro en los que dirán como Frodo: «No puedo hacerlo, Sam». Y si deciden continuar o no tendrá mucho que ver con en dónde está puesta su esperanza. Con qué es lo que creen que los está esperando al final de la historia. Con cuál creen que es la recompensa por soportar esa gran aventura.

Proverbios 13.12 dice: «La esperanza frustrada aflige al corazón; el deseo cumplido es un árbol de vida». Muchas familias (incluso muchas familias cristianas) se encuentran hoy con el corazón roto por que se han resbalado y caído dentro de la historia del mundo, creyendo que hay esperanza en algo que el mundo tiene para ofrecerles. Dinero, estatus, placer, logros académicos, éxito profesional, sexo, una casa, una nueva tecnología, una fiesta, cónyuge, un bebe...

Ellos, y nosotros, seguimos persiguiendo (y alcanzando) algunas de estas cosas, pero la recompensa siempre es breve, y luego volvemos a desilusionarnos. Entonces empieza de nuevo la carrera detrás de una nueva falsa esperanza. «Finalmente lograré ser feliz, si tan solo...»

El libro de Eclesiastés comienza como una especie de lista de los «si tan solo» más populares, para ver si traen verdadero sentido a la vida. ¿Habrá alguna cosa en el mundo que sea tan «buena» como para que, como emotivamente describía Sam, «valga la pena luchar por ella»?

Estoy convencido de que el libro de Eclesiastés es obra de Salomón. Siendo el hombre más rico y más sabio del mundo, él era el mejor calificado para hacer este análisis. Él tenía riquezas y poder ilimitados, con lo cual podía tener acceso a todos los «si tan solo» que se le ocurrieran. Pero también tenía acceso a lo profundo de la sabiduría de Dios, de modo que podía evaluar los resultados en cuanto a sentido y propósito. Y su conclusión fue que nada bajo el sol tenía sentido ni valor.

Lee lo que escribió en el capítulo 2, versículos 4 al 11:

> *«Realicé grandes obras: me construí casas, me planté viñedos, cultivé mis propios huertos y jardines, y en ellos planté toda clase de árboles frutales. También me construí aljibes para irrigar los muchos árboles que allí crecían. Me hice de esclavos y esclavas; y tuve criados, y mucho más ganado vacuno y lanar que todos los que me precedieron en Jerusalén. Amontoné oro y plata, y tesoros que fueron de reyes y provincias. Me hice de cantores y cantoras, y disfruté de los deleites de los hombres: ¡formé mi propio harén!*
>
> *Me engrandecí en gran manera, más que todos los que me precedieron en Jerusalén; además, la sabiduría permanecía conmigo. No le negué a mis ojos ningún deseo, ni a mi corazón privé de placer alguno, sino que disfrutó de todos mis afanes. ¡Sólo eso saqué de tanto afanarme!*
>
> *Consideré luego todas mis obras y el trabajo que me había costado realizarlas, y vi que todo era absurdo, un correr tras el viento, y que ningún provecho se saca en esta vida».*

Salomón lo hizo todo. Experimentó el amor épico (lee Cantar de los Cantares) y conquistas sexuales épicas con casi 1000 esposas y concubinas. Experimentó un gran logro industrial y creó indiscutibles obras de arte. Sus riquezas y su poder le permitieron no negarle a su corazón ningún placer.

Aun así, no encontró nada por lo que valiera la pena luchar hasta el final de la historia. Y ese siempre será el caso para aquellos que viven en la historia del mundo y se limitan a buscar finales felices en vidas vividas separados del Dios del universo.

Una esperanza en la oscuridad

Si nuestros hijos nos ven transitar por la vida con el corazón roto y persiguiendo falsas esperanzas, es muy probable que se nos unan en ese sendero. Pero si, en cambio, ellos nos ven anclando nuestra esperanza en Dios de modo de confrontar la inevitable oscuridad de este mundo, entonces podrán hacerse eco de las palabras de David en el Salmo 43.5: «¿Por qué voy a inquietarme? ¿Por qué me voy a angustiar? En Dios pondré mi esperanza, y todavía lo alabaré. ¡Él es mi Salvador y mi Dios!»

Cuando ellos observan nuestra manera de enfrentar a la vida, ¿qué es lo que ven que pueda ayudarles a levantar sus almas decaídas? El desafío para nosotros es estar convencidos de la línea de la historia de Dios (su inicio, su nudo, y su desenlace final) a tal punto que nuestra esperanza en Él sea inconfundible. Y repetirles una y otra vez a nuestros hijos el final de la historia.

Agustín lo planteó de la siguiente manera: «Tú nos hiciste para ti, oh Dios, y nuestros corazones están inquietos hasta que encontramos nuestro descanso en ti».

Debemos tener cuidado, como iglesia y como familia, de no comunicar una historia diferente a la de Dios. A mi parecer, demasiados adolescentes están creyendo el mensaje de que estar en Cristo significa evitar sentir dolor en este mundo, evitar las tragedias, evitar los días oscuros. De alguna manera, les estamos comunicando que Jesús es un medio para obtener circunstancias felices en el mundo, en lugar de comunicarles claramente la verdad. Jesús es el medio para tener eterna felicidad *en su reino*.

Como consecuencia de esa confusión, cuando se ven cara a cara con la dolorosa realidad, aquellos que viven en esa falsa esperanza son tentados a hacer a Jesús a un lado, como lo harían con cualquier otra promesa fallida. Pero lo cierto es que se trata de una promesa que Él nunca hizo. De hecho, Jesús nos advirtió de las dificultades que tendríamos en la vida (incluso con Él a nuestro lado), cuando dijo:

«Yo les he dicho estas cosas para que en mí hallen paz. En este mundo afrontarán aflicciones, pero ¡anímense! Yo he vencido al mundo». (Juan 16.33)

Así que, ¿qué es lo que Jesús nos promete si tenemos fe en Él? Él prometió lo que Salomón nunca pudo descubrir porque él condujo su evaluación «bajo el sol» y antes de la muerte y resurrección del Hijo. Él nos prometió lo que Sam vagamente mencionó como «algo bueno en este mundo». Él prometió que nuestro fiel servicio en la parte más oscura de la historia tendrá un sentido, y que la historia terminará en victoria, con los héroes gozosos y los villanos derrotados para siempre.

Jesús no nos prometió terminar con nuestro sufrimiento terrenal. Pero Él sí prometió que algo más grande y lejano que simples comodidades terrenales emergerá de los sufrimientos de aquellos que estamos Cristo Jesús: «Y no sólo en esto, sino también en nuestros sufrimientos, porque sabemos que el sufrimiento produce perseverancia; la perseverancia, entereza de carácter; la entereza de carácter, esperanza. Y esta esperanza no nos defrauda, porque Dios ha derramado su amor en nuestro corazón por el Espíritu Santo que nos ha dado». (Romanos 5.3-5)

Lo que debemos demostrarles a nuestros hijos es que Dios no nos salvó para hacer mejor nuestras vidas. Dios nos creó y nos salvó para que contemos su historia. Escucha al profeta Isaías citar a Dios: «"Al norte le diré: "¡Entrégalos!" y al sur: "¡No los retengas! Trae a mis hijos desde lejos y a mis hijas desde los confines de la tierra. Trae a todo el que sea llamado por mi nombre, al que yo he creado para mi gloria, al que yo hice y formé."» (Isaías 43.6-7)

No estamos simplemente viviendo en la historia de Dios. Somos *parte* de lo que se está contando. Existimos para ser usados por Dios para contarla por siempre. Ese es nuestro gran propósito, y esa es la gran esperanza que nos da sentido... aun cuando la débil esperanza del mundo parezca muy atractiva para nosotros.

El llamado a la aventura

¿Has observado que en la mayoría de las grandes historias, el héroe comienza como un «héroe renuente»? Es un recurso básico de narración. Es parte de lo que se conoce como «la travesía del héroe».

¿Recuerdas La Guerra de las Galaxias? Han Solo está de acuerdo con ayudar a Obi-Wan y a Luke y a Leia... pero por un precio. Él es un hombre de negocios. Él sirve sus propios intereses. Entra en la aventura, sí, pero está siguiendo la línea de historia del mundo y lo que se pregunta es: «¿Qué gano yo con esto?». Sin embarco, en algún punto de su travesía, el héroe siempre decide zambullirse por completo. Para Han Solo, ese momento viene al final de la película (en la original, Episodio 4) cuando el regresa a ayudar a Luke a destruir la Estrella de la Muerte, corriendo un gran riesgo personal, y siendo que ya había recibido su paga.

Como cristianos, todos tomamos decisiones con respecto a cuánto de nosotros mismos estamos dispuestos a dar para la historia de Dios, aun cuando el costo sea nuestra propia comodidad, bienestar, seguridad o placer. Todos comenzamos como «héroes renuentes». Pero en algún momento, muchos de nosotros elegimos empezar a sacrificarnos a nosotros mismos, poniéndonos al servicio de Dios como discípulos de Jesús. Decidimos tomar nuestra cruz y seguirlo a Él, perdiendo nuestras vidas para encontrar el papel que Él ha escrito para nosotros dentro de la historia de Dios.

Las siguientes son preguntas difíciles para muchos padres... incluso para aquellos que han sacrificado mucho para servir a Dios: ¿Tienes la esperanza de que tus hijos respondan al llamado de Dios a la aventura? ¿Estás dispuesto a verlos sacrificar sus vidas para la gloria de Dios, de la manera en que Él los llame a hacerlo, incluso si eso implica que no terminen en un lugar seguro y feliz, con gente amigable y con un buen plan de retiro? ¿Aun si tus nietos terminan pobres y lejos de ti?

En otras palabras, ¿qué papeles o roles dentro de la historia de Dios estas comunicando como si anhelaras que ellos los asuman?

Mis padres se enfrentaron a estas preguntas cuando mi hermanos menores (gemelos) estaban en octavo grado y fueron invitados a un peligroso viaje misionero a la Unión Soviética. Yo sé con certeza que muchos padres no lo hubieran permitido, basándose (y con mucha razón) en sus preocupaciones por la seguridad de los niños.

Pero mi mamá y mi papá mostraron una profunda confianza en la protección de Dios y en Su provisión para ese viaje. De todo corazón creían que mis hermanos pertenecían a Dios, y que Dios quería usarlos para su gloria. Y sus decisiones en el mundo real evidenciaban eso. Como mencioné en el primer capítulo, uno de esos hermanos hoy en día es el pastor general de una iglesia, y el otro está sirviendo como misionero en Moscú.

No todos los padres cristianos están convencidos de que la línea de historia de Dios es la única que vale la pena seguir. A lo largo de mi historial de citas con chicas, yo siempre parecía caerles bien a los padres de las muchachas que me gustaban. Después de todo, yo era un buen chico. Cristiano. De buena familia. Prolijo. ¿Por qué no había de caerles bien? Pero luego, cuando esos padres se enteraban de que yo estaba planeando entrar en el campo misionero e irme lejos del país, repentinamente comenzaban a tratarme como si tuviera gripe porcina. No les gustaba la idea que sus queridas hijitas terminaran limpiando llagas en alguna choza en África.

Dios finalmente no me llamó a las misiones transculturales, pero yo sé que mis padres hubieran respaldado totalmente esa decisión si hubiera sido así. ¿Qué hay de tus hijos? ¿Tendrían tu total bendición para seguir la dirección de Dios si Él los guiara a servirlo con sus vidas en otra parte del mundo? Esa bendición de parte tuya, ese apoyo, podría significar la diferencia entre toda una vida de peligrosa pero gratificante aventura, y una vida de prosperidad complaciente que, en el fondo, se parece bastante a la historia del mundo.

Una de nuestras grandes tareas como padres, y para ser honestos la más difícil, es permitir que Dios tome el control sobre nuestros hijos, incluso cuando Sus planes no vayan de la mano con nuestra propia «voluntad» para ellos. La mayoría de nosotros experimentamos variados grados de tensión entre ambas opciones, pero debemos releer la historia y convencernos de que la mejor vida que nuestros hijos pueden tener, la encontrarán si responden al llamado de Dios.

Escuchar la historia, aceptar el llamado

Si tú estás anhelando que tus hijos respondan a la historia de Dios de la manera más activa posible, existe solo una respuesta que tiene sentido. Hay una única conclusión lógica para lo que hacemos con nuestras vidas, nosotros o ellos, una vez que entendemos de qué se trata realmente la historia de Dios.

Por supuesto, todo se trata de Dios. Es la historia de Dios, y Dios nos ha incluido (por su infinita misericordia) en esa historia como «los buenos», al lado del verdadero y único Rey. No satisfecho con dejarnos perdidos en nuestros pecados en el reino de las tinieblas, Dios envió a su hijo a morir por nuestros pecados, a rescatarnos, y a traernos de vuelta a como hijos de Dios al reino de luz.

La doxología de Pablo en Romanos 11.33-36 describe con claridad cuán absolutamente le pertenece Dios (y solo a Dios) esta historia, y cuán profundamente inmerecida es cualquier parte que nosotros tengamos en ella:

> *«¡Qué profundas son las riquezas de la sabiduría y del conocimiento de Dios!*
> *¡Qué indescifrables sus juicios*
> *e impenetrables sus caminos!*
> *"¿Quién ha conocido la mente del Señor,*
> *o quién ha sido su consejero?"*
> *"¿Quién le ha dado primero a Dios,*
> *para que luego Dios le pague?"*
> *Porque todas las cosas proceden de él,*
> *y existen por él y para él.*
> *¡A él sea la gloria por siempre! Amén.»*

¿Cómo responder a esto? ¿Por qué razón preguntaríamos: «¿Y que hay para mí?»? ¿Por qué dudaríamos que el privilegio de caminar en la historia de Dios es siempre la mejor opción? ¿Cuál es la única respuesta razonable ante semejante amor de Dios para con nosotros?

Pablo contesta estas preguntas en el siguiente versículo, y, si estamos convencidos de la veracidad de la historia de Dios, este debería ser nuestro gran anhelo y oración para nuestros hijos: «Por lo tanto, hermanos, tomando en cuenta la misericordia de Dios, les ruego que cada uno de ustedes, en adoración espiritual, ofrezca su cuerpo como sacrificio vivo, santo y agradable a Dios». (Romanos 12.1).

Una vida de adoración es realmente la única respuesta posible para todos aquellos que verdaderamente comprendimos lo que Dios ha hecho por nosotros. Y la única vida que tenemos para dar en adoración es la nuestra: morir a nosotros mismos y vivir para obedecer a Dios.

Pero para hacer esto tendremos que dejar atrás la historia del mundo y transformar nuestras mentes. Es la única manera en la que sabremos lo que Dios está llamándonos a hacer: «No se amolden al mundo actual, sino sean transformados mediante la renovación de su mente. Así podrán comprobar cuál es la voluntad de Dios, buena, agradable y perfecta». (Romanos 12.2)

Si continúas leyendo Romanos 12, verás cómo luce esta vida de adoración. Nuestro llamado, y el de nuestras familias, es ser exactamente lo que Dios quiere que seamos. Desaparecer en el cuerpo de Cristo al servirnos unos a otros, sin egoísmo, con los dones únicos que Dios nos ha dado a cada uno.

Ese es nuestro llamado. Eso es lo que anhelamos que nuestros hijos vean en nosotros mientras vivimos nuestras aventuras diarias en casa, en nuestra comunidad, y especialmente en nuestra iglesia local. Esa es la antorcha que anhelamos que ellos tomen para entregarla a la siguiente generación.

Pero ese no es el final de la historia. No es la última esperanza. El camino de adoración al Padre nos llevará ante el trono de Dios, a una recompensa que nunca terminará, y a un final por el cual vale la pena luchar contra nuestra carne, contra el mundo, e incluso contra el Diablo.

¿Cómo será ese momento?

«Después vi un cielo nuevo y una tierra nueva, porque el primer cielo y la primera tierra habían dejado de existir, lo mismo que el mar. *Vi además la ciudad santa, la nueva Jerusalén, que bajaba del cielo, procedente de Dios, preparada como una novia hermosamente vestida para su prometido. Oí una potente voz que provenía del trono y decía: "¡Aquí, entre los seres humanos, está la morada de Dios! Él acampará en medio de ellos, y ellos serán su pueblo; Dios mismo estará con ellos y será su Dios. Él les enjugará toda lágrima de los ojos. Ya no habrá muerte, ni llanto, ni lamento ni dolor, porque las primeras cosas han dejado de existir."» (Apocalipsis 21.1–4)*

¿Se habla en tu familia acerca del cielo? ¿Pasan tiempo pensando juntos en cómo será el cielo? ¿Alguna vez han conversado acerca de cómo se eclipsarán nuestras (a veces dolorosas) realidades actuales? ¿Saben tus hijos que tu mayor anhelo es estar con Dios para siempre en el cielo? (¿Es ese tu mayor anhelo?) ¿Se toman tiempo como familia para fijar en el cielo sus pensamientos y esperanzas?

Esa esperanza en el final sin fin de nuestra historia es lo que Dios desea que nos sostenga en las noches oscuras y que nos motive, a nosotros y a nuestros hijos, a intentar grandes cosas para Él. Esa esperanza es lo que Dios anhela que nos impulse a ir más allá de nosotros mismos y del encanto de las respuestas fáciles que ofrece el mundo, y nos empuje hacia la meta. Esa esperanza se encuentra en la salvación, y está basada en la gracia de Dios para con nosotros, como leemos en el siguiente pasaje:

«En verdad, Dios ha manifestado a toda la humanidad su gracia, la cual trae salvación y nos enseña a rechazar la impiedad y las pasiones mundanas. Así podremos vivir en este mundo con justicia, piedad y dominio propio, mientras aguardamos la bendita esperanza, es decir, la gloriosa venida de nuestro gran Dios y Salvador Jesucristo. Él se

entregó por nosotros para rescatarnos de toda maldad y purificar para sí un pueblo elegido, dedicado a hacer el bien». *(Tito 2.11-14)*

¿Qué más podríamos desear para nuestros hijos (y para los hijos de nuestros hijos) que el que digan no a las pasiones del mundo, que tengan dominio propio, y que busquen hacer el bien como hijos de Dios?

¡Sigamos repitiéndoles la historia! No es un cuento de hadas. No es ficción. Es la verdadera historia del mundo tal y como Dios lo creó... y es la historia en la que oramos que nuestros hijos vivan todos los días de sus vidas.

Finalmente, antes de cerrar éste libro, hazte las siguientes preguntas:

1. Luego de leer éste capítulo, ¿cuáles dirías tú que son tus mayores anhelos para tus hijos, referidos a cómo vivirán sus vidas? ¿Cuáles crees que responderían tus hijos que son tus grandes anhelos para ellos?

2. ¿Cómo se ve reflejado tu máximo anhelo (vivir por siempre con Dios en la eternidad) en tus decisiones y actitudes cotidianas (en el hogar y fuera de él)?

3. ¿Cómo se ve reflejado tu compromiso con la realidad de la historia de Dios, en los riesgos que animas a tus hijos a tomar, y en los planes para el futuro que animas a tus hijos a considerar?

si trabajas con jóvenes nuestro deseo es ayudarte

Ej Especialidades Juveniles.com

Nos agradaría recibir noticias suyas.
Por favor, envíe sus comentarios sobre este libro
a la dirección que aparece a continuación.
Muchas gracias.

Vida@zondervan.com
www.editorialvida.com